우리 학교 뜰에는 무엇이 살까?

손옥희·최향숙·이숙연 글·그림

청어람미디어

학교 가는 길, 즐거운 배움의 길

　어린 시절 파란 보리밭 논둑길을 걷다 보면 아이들이 봄바람에 실려 여기저기서 모여 학교 운동장으로 들어섭니다. 운동장 주변에 오밀조밀 모여 있는 꽃밭, 담벼락에 붙어 학교를 지키고 있는 키 큰 나무들…….

　학교 가는 길은 친구들을 만나고, 나무와 풀과 더불어 사는 많은 생명들을 만나는 길이자 배움의 길입니다.

　옛날에는 마땅한 간식거리가 없어 어린 풀을 뽑아서 씹으며 단맛을 보았고, 보리 잎을 뜯어서 보리 피리를 불며 놀았습니다. 또, 개구리 울음 우는 논둑길 옆 둔덕에서 봄나물을 캐면서 봄을 맞았지요. 여름에는 냇물에서 송사리를 쫓으며 한여름 더위를 날려 보냈고요.

　풍성한 가을이면 나무마다 열매를 맺고 먹을거리가 흔해져서 마냥 좋았습니다. 입으로도 먹고, 눈으로도 먹을 수 있는 가을의 풍경이 눈에 선합니다. 눈이 펑펑 오는 겨울이 되면 눈 밑으로 풀과 나무들이 몸을 숨겼다가 봄이 되면 어김없이 모습을 드러내지요.

　자연이 만드는 이 아름다운 풍경을 아이들과 발견하고 싶습니다. 이는 멀리 떠나야만 볼 수 있는 풍경이 아닙니다. 늘 우리가 다니는 길에도 보이는 풍경이지요. 바로 우리 아이들에게 더없이 가까운 '학교 가는 길'입니다.

　지금은 나무보다 건물이 먼저 눈에 들어오고, 풀벌레 소리나 새 소리보다 도시의 소음이 먼저 들리지만, 학교 가는 길은 꽃이 피고 열매가 자라는 생명의 길입니다.

　논둑길은 작은 공원으로 변해 우리 곁에 있습니다. 보도블록으로 덮힌 길이지만 그 사이에서 풀이 자랍니다. 가까운 산책길로 나서면 새 소리와 풀벌레 소리를 들을 수 있습니다. 이렇듯 자연을 발견하는 기쁨을 아이들과 나누고 싶습니다. 그 작은 발견이 어린이들에게 배움으로 이어지고, 생명으로 이어지는 시작이 되길 바랍니다.

　『우리 동네 숲에는 무엇이 살까?』에 이어 『우리 학교 뜰에는 무엇이 살까?』를 준비하면서 함께 사는 자연을 만나고 기록하기까지 참으로 긴 시간이 흘렀습니다. 오랜 시간 독려해 주고 기다려 준 청어람미디어에 감사드립니다. 이 모든 나무와 꽃들을 다시 한번 돌아볼 수 있도록 기회를 준 어린이들에게도 고맙습니다.

2012년 봄날

저자를 대표해서 최향숙 씀

| 차례 |

학교 가는 길, 즐거운 배움의 길 2

제1장
학교 가는 길

봄을 알리는 금빛 **개나리** 10
풍요로움의 상징 **살구나무** 14
토끼가 정말 좋아할까? **토끼풀** 18
편안함을 주는 초록 양탄자 **잔디** 22
아이들과 함께 놀며 멀리멀리 퍼지는 **바랭이** 26
자연놀이 바랭이로 우산 만들기 29
플라타너스라는 이름보다 더 예쁜 그 이름 **양버즘나무** 30
별을 닮은 **단풍나무** 34
가을을 부르는 **은행나무** 38
자연놀이 은행으로 무당벌레 만들기 42
지천에 널려 있어 **지칭개** 43
세모 모양의 키다리 아저씨! **메타세콰이아** 46
자연놀이 메타세콰이아 열매로 팔찌 만들기 50
무슨 줄기가 이렇게 생겼지? **화살나무** 51
겨울 내내 새를 부르는 **쥐똥나무** 54

제2장
학교 운동장에도 식물이 살고 있어!

달빛에 더욱 빛나는 **목련** 60

방금 튀겨 놓은 팝콘 같은 꽃 **조팝나무** 63

고운 모습 그대로 떨어지는 **무궁화** 66

세 번 놀라는 **모과나무** 69

자연놀이 모과차 만들기 73

시원한 그늘 아래 예쁜 등이 주렁주렁 **등나무** 74

사계절 내내 푸른 **사철나무** 77

살랑살랑 강아지 꼬리 같은 **강아지풀** 80

바람으로부터 우리를 지켜 주는 든든한 **소나무** 83

자연놀이 솔방울 마술 87

제3장
누가 가꾸는 화단일까?

봄비 내리는 날, 향기 가득한 **수수꽃다리** 90
화단을 지키는 **회양목** 93
끈적끈적한 꽃봉오리 **철쭉** 96
새색시처럼 수줍은 **분꽃** 100
자연놀이 분꽃으로 귀걸이 만들기 103
향기만큼이나 고운 무늬를 가진 **향나무** 104
키 작은 대나무 **조릿대** 108
부끄러워 붉은 나무 **주목** 111
어디든 갈 수 있는 **담쟁이덩굴** 114
봄이 왔지만 아직 깨어나지 못한 **감나무** 117
자연놀이 감꽃으로 목걸이 만들기 121
나무에도 꽃이 피고, 땅에도 꽃이 피는 **동백나무** 122

제4장
교실에서 키우는 식물

손톱을 물들이는 고운 **봉선화** 128
새콤새콤 입안 가득 침이 고이는 **괭이밥** 131
어느 순간 사라졌다 우리 앞에 다시 피는 **메꽃** 134
혼자서도 잘 자라는 씩씩한 **명아주** 137

여름 내내 피는 예쁜 꽃 아가씨 **백일홍** 140
나리꽃 중에 진짜 나리꽃은 바로 **참나리** 143
정말 해를 따라다닐까? **해바라기** 146
꽈르륵 꽈르륵 **꽈리** 149

제5장
학교에서 텃밭을 가꿔요

누구나 기르기 쉬운 **상추** 154
상추와 단짝인 쌈 채소 **쑥갓** 157
몸에 좋은 멋쟁이 **토마토** 160
여름을 시원하게 해 주는 상큼한 **오이** 163
자연놀이 오이지 담그기 167
귀한 보랏빛 **가지** 168
풍요를 가져다 주는 **감자** 171
줄기도 먹고 뿌리도 먹는 일석이조 **고구마** 174
자연놀이 고구마 키우기 177
푸르러도 맛있고 빨갛게 익어도 맛있는 **고추** 178
빨간 무 **당근** 181
얼룩무늬 콩 **강낭콩** 184
내 꽃을 본 적 있니? 김치가 되는 **배추** 187

찾아보기 190

제1장

학교 가는 길

봄을 알리는 금빛

개나리

개나리

과명 : 물푸레나무과
학명 : Forsythia koreana (Rehder) Nakai
원산지 : 한국   **크기** : 높이 3m
꽃피는 시기 : 4월   **열매 익는 시기** : 9~10월

따뜻한 봄날, 노랗게 한꺼번에 핀 개나리를 본 적이 있니? 개나리는 낱개의 꽃보다 무더기로 언덕이나 가로수에 피어 있는 모습을 주로 보았을 거야.

개나리는 이렇게 한데 몰려 있기 좋아하는 식물이란다. 여러 줄기들이 쭉 뭉쳐서 학교 옆 담벼락을 만들기도 하고, 우리가 살고 있는 아파트 담벼락을 노란색으로 물들이기도 하지.

개나리는 꽃이 먼저 핀 다음 잎이 나오는 식물이야. 꽃이 지고 나면 푸른 잎이 돋아나지.

개나리는 한국의 고유종으로, 우리나라가 원산지인 식물이란다. 지금은 접을 붙이거나 품종을 개량해서 여러 종류가 있지만, 최초의 개나리는 우리나라에서 자라기 시작했단다.

개나리라는 이름은 '나리'라는 이름 앞에 '개' 자가 붙은 거야. 보통 이름

앞에 '개' 자가 붙으면 '진짜보다 조금 못하다'는 뜻이 되기도 하고, '원래의 것보다 좀 작다'는 뜻이기도 해. 나리꽃과 비슷한 모양이지만 나리꽃보다 훨씬 작고 모습이 조금 못하다는 의미로 개나리라고 부르게 된 거야.

이제 개나리를 자세히 들여다볼까? 개나리꽃을 자세히 보면 암술과 수술이 있단다. 암술이 한 개 있고, 수술이 두 개 있지? 암술이 수술보다 위로 솟아 있는 것이 암꽃이고, 암술이 수술 밑에 숨어 있는 것이 수꽃이야.

개나리는 암술과 수술이 꽃에 함께 있는데, 그 위치에 따라서 암꽃과 수꽃으로 구분하지. 암꽃과 수꽃이 서로 만나서 수정을 해야 열매를 맺을 수 있는데, 개나리는 암꽃만 있거나 수꽃만 있는 경우가 많아서 꽃이 무더기로 많이 피어도 열매를 맺기가 쉽지 않아.

개나리의 수꽃

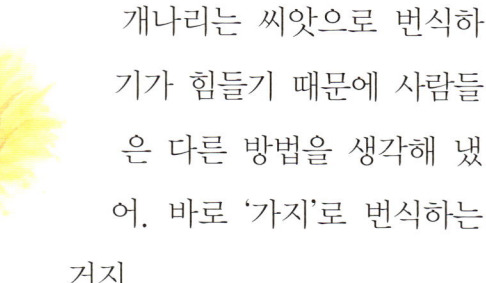
개나리의 암꽃

개나리는 씨앗으로 번식하기가 힘들기 때문에 사람들은 다른 방법을 생각해 냈어. 바로 '가지'로 번식하는 거지.

개나리는 주로 꺾꽂이를 통해서 번식하는데, 가지를 휘어 땅속에 묻으면 마디에서 뿌리가 나온단다. 이렇게 내린 뿌리에서 새로운 줄기가 나와 덤불 모양을 만들지. 그래서 개나리는 한꺼번에 모여 자라는 거란다.

개나리는 어디든 장소를 구분하지 않고 잘 자라는 식물이야. 그중에서도 특히 햇빛이 잘 들고, 물이 잘 빠지는 곳을 좋아하지. 개나리는 병충해와 추위도 잘 견디기 때문에 울타리로 많이 쓰인단다. 할머니가 어릴 때도 그랬지만, 지금도 담장 울타리로 개나리를 많이 심는 것 같더구나.

봄에 노란 울타리였다가 차츰 초록 울타리였다가, 가을에 물들고 겨울에 잎을 떨어뜨리는 변화무쌍한 개나리 울타리는 우리의 눈을 즐겁게 해 주고, 우리의 학교를 지켜 주는 고마운 지킴이란다.

풍요로움의 상징

살구나무

살구나무

과명 : 장미과
학명 : Prunus armeniaca var. ansu Maxim.
원산지 : 중국   **크기** : 높이 5m
꽃피는 시기 : 4월   **열매 익는 시기** : 7월

나의 살던 고향은 꽃 피는 산골
복숭아꽃 살구꽃 아기 진달래
울긋불긋 꽃 대궐 차린 동네
그 속에서 놀던 때가 그립습니다

　너희는 혹시 이 노래를 알고 있니? 이 노래의 제목은 '고향의 봄'이란다. 엄마 아빠보다 좀 더 나이가 많은 어른들이나, 나처럼 나이 든 할머니 할아버지들이 좋아하는 노래지. 이 노래를 듣고 있으면 꽃에 둘러싸여 친구들과 놀던 어린 시절이 생각나거든. 그 시절을 그리워하는 어른들이 좋아하는 노래란다. 이 노래 가사에 살구꽃이 나오지? 살구나무도 꽃 대궐에 들어갈 만큼 예쁜 꽃을 가지고 있단다.

살구나무는 학교 가는 길에 종종 볼 수 있는 나무란다. 예전에는 살구나무를 마을 어귀나 집 앞에 주로 심었지. 요즘에는 꽃이 아름답고 나무의 모습이 예뻐서 가로수로 심기도 하고, 아파트 단지의 화단에도 많이 심는단다.

살구나무는 우리나라에서는 '삼국유사'에도 기록되어 있을 정도로 오래 된 나무인데, 사실 살구나무는 그보다도 훨씬 오래 전인 기원 전부터 지구에 살았다는구나.

살구꽃은 쌀쌀한 봄바람을 비켜서 핀단다. 살구꽃을 보면 봄이 깊어가는 것을 알 수 있어. 봄이 한창일 때 살구꽃도 가득 피거든.

그런데 봄에는 꽃들이 많이 피고, 살구꽃과 비슷한 모양의 꽃들이 여기저기서 피기 때문에 살구꽃이 무엇인지 잘 찾아봐야 할 거야!

그중 살구꽃과 가장 비슷한 꽃이 '매화'란다. 어떤 사람들은 벚꽃이라고 착각하기도 하지.

하지만 한번 자세히 들여다보면 어떤 차이가 있는지 금방 알게 될 거야!

꽃 빛깔도 비슷하고, 꽃잎 수도 똑같고……. 너희는 다른 점으로 무엇을 찾아냈니?

그래, 맞아! 꽃받침이 다르단다.

살구꽃은 꽃받침이 뒤로 젖혀 있는데 매화는 앞으로 오므려져 있어. 물론 살구와 매실이라는 완전히 다른 열매가 열리기 때문에 열매가 달리면 확실하게 구분되지.

두 열매도 차이가 있어. 매실은 과육과 씨를 분리하기가 힘든데, 살구는 씨하고 과육하고 똑 떨어져서 먹기 좋단다. 물론 색도 다르고, 모양도 조금 다르지.

살구

우리나라의 궁궐에서도 예쁜 살구나무를 볼 수 있단다. 살구나무는 꽃이 한가득 피고 열매도 아주 탐스럽고 풍성해서 사람들의 마음까지 풍요롭게 해 주지. 임금님도 백성들에게 이렇게 풍성한 마음을 갖길 바라고, 또 풍년을 기원하는 마음으로 살구나무를 곁에 두었다는구나. 그래서 궁궐에서도 살구나무를 볼 수 있는 거야. 실제로 살구가 많이 달리는 해에는 병충해 없이 풍년이 들었다고 하는구나!

내가 어릴 때에는 지금처럼 먹을 것이 풍족하지 않았는데, 살구는 배고픈 아이들의 배를 채워 주었지. 씨는 약재로 쓰였어. 살구 씨는 해열, 기침, 천식 등 다양한 병에 효과가 있어 옛날부터 만병통치약으로 불렸어.

꽃과 열매로 아이들을 기쁘게 했던 살구나무가 우리 주변 어디에 있는지 한번 찾아볼까?

토끼가 정말 좋아할까?
토끼풀

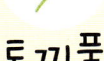

토끼풀

과명 : 콩과
학명 : Trifolium repens L.
원산지 : 유럽   **크기** : 높이 20~30cm
꽃피는 시기 : 6~7월   **열매 익는 시기** : 9월

  할머니가 어렸을 적에는 들판에 토끼풀이 가득했단다. 토끼풀이 가득한 들판에서 친구들과 앉아 하얗게 핀 토끼풀 꽃을 전부 따다가 목걸이도 만들고, 팔찌도 만들면서 놀았었지. 또, 시계도 만들고, 화관도 만들었어. 실컷 토끼풀 꽃을 가지고 친구들과 장식하며 놀다가 싫증이 나면 그대로 내려놓고 집으로 돌아왔지.

  그리고 다음 날 또 친구들과 모여 앉아 토끼풀 꽃과 잎을 가지고 재미있게 놀았단다. 토끼풀은 친구들과 쉽게 가지고 놀 수 있는 장난감이었지. 옛날 친구들과 함께 가지고 놀던 예쁜 장난감, 토끼풀.

  그런 너희는 토끼풀 들판을 본 적이 있니? 토끼풀은 줄기가 땅을 기며 군데군데 뿌리를 내리면서 점점 퍼지며 자라는 식물이란다. 그렇게 퍼져 나간 토끼풀은 금방 들판을 뒤덮지. 잔디를 심고 잘 가꾸어 놓은 곳에도 토끼풀이 퍼져나가 잔디를 키우는 사람들은 토끼풀을 싫어하기도 해.

토끼는 그럼 토끼풀을 좋아할까? 토끼풀이 널린 들판에 토끼를 풀어 놓으면 토끼가 신이 나서 토끼풀을 먹을까?

그 대답은 'NO!'란다. 이름은 토끼풀이지만 토끼는 이 풀을 좋아하지 않아. 토끼는 주로 쓴 풀을 좋아하지. 왕고들빼기나 씀바귀, 민들레 같은 풀들이지. 모두 하얀 액이 나오는데 쓴맛이 난단다.

토끼가 좋아하는 풀도 아닌데 왜 토끼풀이라는 이름이 붙었을까? 그 이유를 정확히 알 수는 없지만 아마 토끼풀의 모습 때문에 그런 이름이 붙은 것 같구나. 하얗게 핀 꽃은 토끼의 귀엽고 앙증맞은 꼬리 같기도 하고, 토끼가 앉아 있는 모습과 비슷해 보이거든.

토끼풀은 풀잎이 주로 세 잎으로 되어 있는데, 가끔 가다가 네 잎을 발견할 수 있어. 일종의 변종인거지. 하지만 사람들은 네 개로 되어 있는 잎을 발견하면 무척 좋아한단다. 네 잎은 행운을 상징하거든. 왜 행운을 상징하게 되었는지 지금부터 잘 들어 보렴.

예전에 유럽 대륙을 정복했던 나폴레옹이라는 장군이 있었는데, 그 장군이 전쟁터에서 토끼풀이 네 잎으로 된 것을 발견했단다. 나폴레옹은 신기하게 여겨 그 잎을 따려고 고개를 숙였는데 그 순간 적군이 쏜 총알이 머리 위를 휙 지나간 거야. 풀잎을 따려고 고개를 숙이지 않았다면 나폴레옹은 적군의 총에 맞아 상처를 입거나 목숨을 잃었을 수도 있는 거지. 하지만 그 풀잎 덕분에 나폴레옹은 목숨을 건지게 되었어. 그래서 이 이야기를 들은 사람들은 네 잎 토끼풀이 나폴레옹처럼 목숨을 건질 만큼의 행운을 가져다 준다고 생각하게 되었어. 그 뒤로 네 잎 토끼풀은 행운을 상징한단다.

  그런데 한 가지 비밀을 알려 줄게. 네 잎 토끼풀은 하나를 발견하면 그 부근에서 여러 개를 찾을 수 있단다. 같은 줄기에서 나는 잎들은 모두 네 잎이거든!

토끼풀 꽃

편안함을 주는
초록 양탄자 **잔디**

잔디

과명 : 벼과
학명 : Zoysia japonica Steud.
분포지역 : 한국(전국), 일본, 중국, 대만
크기 : 높이 10~20cm   **꽃피는 시기** : 5~6월

학교 가는 길에 보면 화단이나 운동장 한쪽에서 풀이 자라는 것을 볼 수 있단다. 푹신푹신한 초록 양탄자처럼 보이는 그 식물이 바로 '잔디'란다.

다른 사람들도 잔디가 그렇게 보이는지 모르겠다만, 할머니는 잔디밭에 가면 앉거나 밟아 보고 싶은 생각이 들더구나. 푸르게 깔려 있는 잔디밭을 보면 푹신푹신해 보여서 신 나게 뛰어놀 수 있을 것 같거든. 그래서인지 잔디 앞에는 어김없이 '들어가지 마시오!', '잔디를 보호합시다!'라는 문구가 쓰여 있더구나. 많은 사람들이 잔디밭에 들어가는 모양이야.

잔디는 보통 잔디밭이라고 불러. 한데 어우러져 자라기 때문에 밭을 이룬 것처럼 보이거든. 잔디는 볕이 잘 드는 평평한 길가나 풀밭에서 자라는 풀이야. 공원을 아름답게 꾸미기 위해 길가의 공원에도 잔디를 주로 심지. 할머니는 잔디밭의 푸른 빛깔을 보면 마음이 편안해지는데, 실제로 초록색은 편안함과 위안을 주는 색이라는구나. 그래서 공원이나 묘지에도 잔

디를 많이 심는 것 같아.

　학교 가는 길의 가로 공원이나 나무 밑, 학교 운동장에도 잔디를 심어 놓은 것을 볼 수 있지. 그런데 사람들이 잔디를 자주 밟으면 그 양이 조금씩 줄어들고, 결국에는 죽게 된단다. 그러니 밟지 않도록 조심해야 해. 잔디는 겨울에는 누렇게 색깔이 변해. 하지만 그것은 죽은 것이 아니라, 그 상태로 겨울을 보내는 것이란다. 겉모습은 누렇지만 그 뿌리는 땅속 깊이 내려 추운 겨울을 잘 버티지. 뿐만 아니라 옆으로 점점 뻗어나가 마디마다 뿌리를 내리기 때문에 잔디는 계속해서 퍼져 나간단다.

　보통 잔디를 심을 때는 잔디가 있는 흙 덩어리를 일정한 간격으로 심는단다. 처음에는 거리를 두고 심지만 시간이 지나면 어느새 메워져 잔디가 가득 차게 되지.

　이처럼 잔디는 뿌리로 번식을 잘하는 식물이야. 하지만 씨앗을 맺기도 한단다. 잔디밭에 가서 잔디 씨앗을 찾아보렴!

　잔디는 우리가 먹는 쌀처럼 벼과에 속한단다. 씨앗도 쌀처럼 생겼을까? 벼 모양과도 한번 비교해 보

벼

겠니?

　잔디는 병충해가 거의 없고 공해에도 강해서 도시에서도 아주 잘 자라지.

　남쪽 지방에는 '금잔디'라고 불리는 고운 잔디가 많이 산단다. 이 잔디는 에메랄드 잔디라는 별명이 있기도 해. 보통의 잔디보다 그 모습이 더 예뻐서 보석에 버금간다는 뜻으로 '금' 자를 붙여 주었지. 우리가 보는 보통의 잔디는 들잔디, 갯잔디라고 불러. 금잔디라는 이름이 참 예쁘지?

아이들과 함께 놀며
멀리멀리 퍼지는

바랭이

바랭이

과명 : 벼과
학명 : Digitaria sanguinalis (L.) Scop.
원산지 : 한국　　**크기** : 높이 40~70cm
꽃피는 시기 : 7~8월　　**열매 익는 시기** : 10월

　바랭이는 우리가 다니는 길목에서 많이 만날 수 있는 풀 중 하나인데, 그중에서도 번식력이 좋아 널리 퍼지고, 잘 자라는 풀이란다. 바랭이는 농사를 짓는 경작지나 아무런 용도로 사용되지 않는 황무지에도 흔히 자라는 한해살이 풀이야.
　바랭이는 작은 줄기에 꽃이 두 송이씩 붙어 쭉 달리는데, 옛날에는 바랭이가 꽃을 피우거나 열매를 맺으면 아이들이 대를 쭉쭉 뽑아 장난감처럼 가지고 놀았단다.
　할머니가 어릴 적에도 바랭이를 가지고 많이 놀았단다. 우산을 만들기도 하고, 하트를 만들기도 하고, 비비 꼬아서 비녀를 만들기도 했지. 아이들이 이렇게 가지고 놀다 보면 바랭이 꽃이 망가지기도 하지만, 아이들의 손을 타고 여기저기 옮겨 다니면서 바랭이에 달려 있던 씨들이 멀리멀리 퍼져 나갔단다.

바랭이가 온대 지역에서 열대 지역에 이르기까지 전 세계적으로 널리 퍼지게 된 것도 아마 그런 이유에서가 아닐까? 바랭이는 전 세계에 100종이 넘는 다양한 식구들을 거느리고 있단다.

우리나라에는 주로 털이 없는 민바랭이가 많아. 꽃이삭 가지의 가장자리가 밋밋한 좀바랭이도 있지. 우리나라에서는 주로 바랭이, 민바랭이, 좀바랭이 등을 볼 수 있어.

바랭이는 씨로 많이 퍼지지만, 줄기의 가운데에서 뿌리를 내려 퍼지기도 한단다.

우리가 흔히 잡초라고 부르는 식물 중에 바랭이도 속해. 바랭이와 같은 잡초들은 거친 땅에 들어가서 뿌리를 내리는데, 그런 뿌리 덕에 땅이 부드럽게 만들어지는 거란다. 바랭이 씨앗 역시 두고 두고 필요할 때마다 다시 솟아 나온단다.

특히 바랭이는 우리가 함부로 무시할 수 없을 만큼 좋은 성분을 가진 식물이야. 바랭이는 눈이 밝아지고 위장의 소화력을 높여 주는 약효가 있어서 옛부터 귀한 대접을 받기도 했어.

바랭이 꽃대를 찾아서 놀이해 볼까? 아니면 줄기를 모아서 풀 조리를 만들어 볼까?

자연놀이

바랭이로 우산 만들기

1. 풀잎 하나를 구부린다.

2. 하나씩 구부려 한데 모으고 묶는다.

3. 하트 모양도 만들어 본다.

플라타너스라는 이름보다
더 예쁜 그 이름

양버즘나무

양버즘나무 (플라타너스)

과명 : 버즘나무과
학명 : Platanus occidentalis L.
원산지 : 미국 **크기** : 높이 40m
꽃피는 시기 : 4월

　너희는 '플라타너스'라는 나무를 본 적 있니? 아니면, 그런 이름을 들어본 적이 있니? 양버즘나무가 바로 우리가 흔히 알고 있는 플라타너스란다.

　양버즘나무는 차가 다니는 도로 양쪽 옆에서 여름 내내 시원한 그늘을 만들어 주는 가로수란다. 학교 오는 길에 이 나무를 볼 수 있는 친구들도 아마 있을 거야. 양버즘나무의 이파리에는 흰 털이 달려 있는데, 차에서 나오는 매연과 먼지를 제 몸에 붙이고 오염된 공기를 정화한단다. 사람이 할 수 없는 일을 나무가 해내고 있으니 고마운 일이지.

　가을이 깊어가면 나뭇잎이 다 떨어진 양버즘나무는 하얀 수피 때문에 무척 추워 보이기도 해. 수피는 '나무의 껍질'을 말하는 거란다.

　허연 수피에 얼룩덜룩한 무늬가 있는 것이 이 나무의 특징이야. 허연 부분은 만지면 하얀 가루가 묻어나기도 하지.

　가을이 끝나갈 무렵, 낙엽이 진 양버즘나무를 사람들은 가지치기를 한단다. 기둥만 남기고 가지를 다 잘라내지. 간판을 가리고, 건물을 가린다는 이유로 양버즘나무를 가지치기 하는 거야. 사람들에게 원망도 있으련만, 그래도 양버즘나무는 이듬해 봄이 되면 꼬물꼬물 작은 새싹들을 다시 내민단다. 그래서 또 우거진 잎을 만들어 우리들에게 좋은 공기를 주고, 멋진 가로수가 되지.

양버즘나무는 빨리 자라기 때문에 금세 우거진 모습을 만들고, 건조한 날씨도 잘 견딘단다. 여러 가지 좋은 점들이 많아 양버즘나무는 가로수로 안성맞춤이란다.

가을에 단풍이 들면 양버즘나무에서는 독특한 냄새가 난단다. 그 냄새는 나뭇잎에 있는 당분 성분 때문이야.

양버즘나무는 이파리가 커다랗기 때문에 낙엽이 지기 시작하면 치우는 일이 쉽지 않아. 환경미화원 아저씨들의 손을 바쁘게 만드는 장본인이지.

양버즘나무의 열매는 방울처럼 대롱대롱 달린단다. 그 방울 모양을 보고 서양에서는 '버튼우드(buttonwood)', 즉 '방울나무'라고 불렀어. 이 방울은 초록빛이었다가 가을이 되면 누렇게 익는데, 아주 단단했던 방울이 익으면서 슬금슬금 풀리기 시작한단다. 풀어진 방울들은 바람을 타고 멀리 멀리 날아가지.

이 방울에는 솜털이 날개처럼 달려 있는데, 이 솜털은 물을 잘 빨아들여 씨앗을 틔우는데 도움을 준단다. 씨앗이 잘 퍼지고, 잘 틔라고 나무가 미리 만들어 놓은 장치인 거지.

양버즘나무의 열매

 양버즘나무의 큰 이파리에 물이 고이면 새들은 이 나무 밑에 와서 물을 마신단다. 나무가 사람에게 이로운 점이 있는 줄은 알고 있었지만, 새들에게도 이렇게 고마운 일을 하는지는 잘 몰랐지? 자연은 모두 서로에게 영향을 주고 있는 거란다. 그래서 서로 보호하고 소중히 해야 하는 거야.

별을 닮은
단풍나무

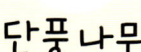

단풍나무

과명 : 단풍나무과
학명 : Acer palmatum Thunb.
원산지 : 한국 **크기** : 높이 15m
꽃피는 시기 : 4~5월 **열매 맺는 시기** : 9~10월

    너희는 단풍나무라는 이름을 들으면 제일 먼저 무엇이 생각나니? 전에 한비에게 물어보니 한비는 고운 빛깔이 먼저 떠오른다고 하더구나. 할머니는 한비가 어릴 적에 할머니에게 내민 예쁜 아기 손이 생각났는데 말이야.

    가을이 되면 여름내 푸르렀던 나무들이 가지각색으로 물들기 시작하는데, 그중 으뜸인 나무로 단풍나무를 꼽는단다. '단풍'이란 말은 가을에 나뭇잎이 붉게 물든다는 뜻이지. 그러니 단풍나무를 붉은 빛깔을 대표하는 나무라고 말해도 되겠지?

    가을이 되면 많은 사람들이 단풍을 보러 산으로 구경을 간단다. 붉은 빛깔의 단풍이 산을 곱게 물들여 예쁜 색을 만들어 내거든. 바로 자연이 만든 색이지. 단풍나무는 붉은빛, 주홍빛, 노란빛 등 여러 가지 색을 보여 준단다. 똑같은 나무지만 나무가 서 있는 자리마다, 또 가지마다 색깔이 다르거든.

단풍은 산꼭대기부터 서서히 울긋불긋 물이 들기 시작해서 산 아래로 색깔이 점점 번져 가지. 봄이 오면 나무나 식물들은 아래서부터 산 위로 봄기운이 옮겨 가고, 가을에는 산 위에서부터 산 아래로 가을 기운이 번진단다. 그 이유는 온도 차이 때문이야. 겨울이 지나고 봄이 오기 시작하면 따뜻한 기온이 평지에서 산 위로 번지기 때문에 꽃은 산 아래에서 산 위쪽으로 피는 거야. 또, 가을이 되어 춥기 시작하면 산꼭대기부터 단풍이 들어 서서히 아래쪽으로 번지는 거고.

봄에 단풍나무 잎을 잘 살펴보렴. 솜털이 보송한 이파리는 아기가 손가락을 쫘악 펴는 것처럼 보인단다. 또 이파리 사이사이로 붉은 빛깔의 꽃이 피는데, 이것은 작은 별 모양 같단다. 별을 장식하는 것처럼 꽃술도 예쁘게 달려 있지. 햇빛이 잘 드는 날 단풍나무 아래서 위를 올려다보면 손가락 모양으로 갈라진 나뭇잎이 빛나는 별처럼 보인단다.

가을에는 단풍나무 아래서 비행기를 만날 수 있어. 갑자기 웬 비행기냐고? 바로 단풍나무 씨앗이지! 날개 달린 씨앗 한 쌍이 매달려 있다가 다 익으면 바람을 타고 날아간단다. 그 모습이 헬리콥터 날개가 돌아가는 것처럼 보이지.

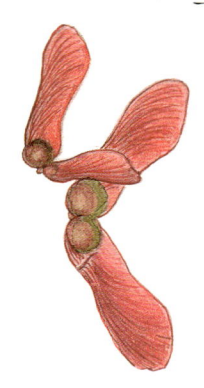

단풍나무의 열매

단풍나무는 이파리가 몇 개로 갈라졌는지에 따라 여러 종류로 나뉘는데, 세 갈래부터 열두 갈래까지 다양한 모양이 있어.

단풍나무는 색도 곱고, 모양도 예쁘지만 나무가 단단하고 속살이 예뻐서 가구를 만들거나, 악기를 만드는 데 쓰이기도 하지. 아, 팔만대장경을 만드는 데도 쓰였다는구나!

가을을 부르는
은행나무

은행나무

과명 : 은행나무과
학명 : Ginkgo biloba L.
원산지 : 중국
크기 : 높이 5~10m(50m 이상인 것도 있음)
꽃피는 시기 : 4월   **열매 익는 시기** : 10월

    찬바람이 부는 겨울에는 사람들이 은행나무를 잘 알아보지 못해. 은행나무는 잎이 다 떨어지고 나면 어떤 나무인지 알아보기가 쉽지 않거든. 가을이 되어 잎이 노랗게 물들어야 사람들은 은행나무를 알아보고 반가워하지. 이렇게 노랗게 물들기 전에도 은행나무는 우리들 곁에서 봄과 여름과 겨울을 함께 지냈는데 말이야.

    봄이 되면 갓 태어난 아기가 주먹을 꽉 쥔 것 같은 모양으로 잎이 달린단다. 그 주먹이 봄 햇살을 받기 시작하면서 조금씩 자라지. 그 작고 여린 아기 은행잎을 보면 얼마나 사랑스러운지……. 너희도 학교 가는 길에 은행나무를 볼 수 있다면 한번 살펴보렴.

    은행나무는 작은 잎들이 한곳에서 대여섯 장씩 나와. 잎들이 여러 장씩 한자리에서 나오는 거지. 그게 바로 은행나무의 특징이란다.

    잎이 어느 정도 자라면 꽃이 피기 시작하는데 은행나무의 꽃을 보기란

쉽지가 않아. 나무가 높아서이기도 하지만 은행나무 꽃은 잘 알아볼 수 없어서 그냥 지나치는 일이 많기 때문이야.

하지만 분명 은행나무에도 작고 예쁜 꽃이 핀단다. 은행나무 꽃을 찾아 잘 살펴보면, 나무마다 꽃의 모양이 다르다는 것을 알 수 있어. 은행나무는 암나무와 수나무로 나누어져 있는데 암나무에서는 암꽃이, 수나무에는 수꽃이 핀단다.

그래서 은행나무는 암나무와 수나무를 마주보고 심어야 해. 그래야 암술과 수술이 바람을 타고 서로 만나서 열매를 맺을 수 있거든. 은행나무가 번식을 잘하게 하려면 꼭 가까운 곳에 암나무와 수나무를 함께 심어야 하는 거지. 이렇게 은행나무는 다정하게 마주보고 서 있다가 암나무와 수나무가 열매인 은행을 만든단다. 정말 신기하지?

그런데 수나무인지, 암나무인지 어떻게 알 수 있냐고?

봄에 꽃이 피는 모양을 보고 알 수 있지만, 나무의 모양(수형)을 보고도 알 수 있단다.

암나무는 가지가 옆으로 많이 퍼지고, 수나무는 가지가 위로 높이 뻗어 있

은행나무의 수꽃

어. 수나무가 꽃가루를 멀리 퍼뜨리려면 아무래도 높은 곳이 좋겠지? 나무 모양이 다른 것도 다 각자의 역할이 있기 때문이야.

은행나무의 암꽃

은행나무를 알아볼 수 있는 건 은행잎 말고도 바로 열매, '은행'이 있어.

가을이 되면 사람들은 노랗게 변한 은행잎을 보고 옆에 다가가다가, 인상을 찌푸리고 돌아서는 일이 많단다. 바로 은행에서 나는 똥 냄새 때문이야.

은행에서는 왜 이런 냄새가 날까? 똥 냄새를 풍겨서 천적이 나무에 가까이 오지 못하게 하려는 거란다. 자기를 보호하는 거지.

은행은 겉껍질을 벗기고, 다시 딱딱한 속껍질을 벗기면 연두빛 열매가 나오는데, 그 열매를 구워 먹으면 씁쓸하지만 쫀득쫀득한 맛이 난단다. 은행은 씹을수록 맛이 나는 열매야!

자연놀이

은행으로 무당벌레 만들기

1. 은행에 무당벌레 무늬를 그린다.

2. 종이끈을 잘라서 다리 세 쌍을 붙여 완성한다.

지천에 널려 있어
지칭개

지칭개

과명 : 국화과
학명 : Hemistepta lyrata Bunge
크기 : 높이 60~80cm
꽃피는 시기 : 5~7월   **열매 맺는 시기** : 8~10월

지칭개! 지칭개!

이름도 참 이상하지!

여러 곳에 많이 있다는 뜻으로 사람들은 '지천에 널려 있다'는 말을 쓰는데, 그런 모습으로 피는 꽃이 바로 지칭개란다. 이름이 좀 이상하다고 생각할 수도 있지만 꽃을 보면 생각이 달라진단다. 절대 이상한 식물이 아니거든!

지칭개 꽃은 연한 보랏빛으로 여러 개의 술 모양의 꽃들이 한데 모여 있어. 마치 실타래를 모아 놓은 듯 보슬보슬한 느낌이 들지. 은은한 보랏빛이 매력적인 꽃이란다.

지칭개가 피기 시작하면 여름이 가까워졌다는 것을 알 수 있지. 지칭개는 꽃이 피기 시작하면 계속해서 줄줄이 핀단다.

지칭개는 풀이지만 키가 커서 길을 가다가 금세 찾을 수 있어. 풀들 사

이에 불쑥 솟아오른 키 큰 풀이 있다면 그게 지칭개일 가능성이 높단다. 키가 한 80cm까지 자란다니 꽤 큰 풀이지?

할머니가 어렸을 때만 해도 밭둑에서 많이 자랐는데, 요즘에 너희가 학교 가는 시간에 산책을 나가 보면 가로수나 동네 화단에서도 많이 볼 수 있더구나. 예전에는 봄이 되면 지칭개의 어린잎을 나물로 먹었단다. 어린잎을 캐서 하루 종일 물에 담가 두어 쓴맛을 뺀 다음, 나물로 무쳐 먹었지.

또, 지칭개의 잎과 뿌리는 찧어서 상처 난 곳에 바르기도 했어.

지칭개는 뿌리가 유난히 길단다. 보통 두 해를 사는 지칭개는 겨울에 추위를 많이 타고, 또 스스로 겨울을 나야 하기 때문에 오래 살기 위해 뿌리를 깊게 내리지. 그리고 다음 해에 다시 잎을 내어 꽃을 피운단다.

지칭개의 씨앗이 풀어지는 모습

꽃이 지고 난 자리에는 씨앗이 맺히는데, 실타래 같았던 꽃이 실이 풀어지는 것처럼 씨앗을 술술 풀어낸단다. 그 모습이 참 신기하지. 때로는 씨앗이 너무 많아 지저분해 보이기도 하지만 말이야. 씨앗을 많이 퍼뜨려서 지천에 피게 하려고 지칭개는 많은 씨를 날리나 봐!

세모 모양의 키다리 아저씨!
메타세콰이아

메타세콰이아

과명 : 낙우송과
학명 : Metasequoia glyptostroboides
원산지 : 중국   **크기** : 높이 35m, 지름 2m
꽃피는 시기 : 2~3월(또는 4~5월)

거리의 가로수 중에 키가 제일 큰 나무가 바로 메타세콰이아란다.

메타세콰이아는 공룡이 살던 시절, 그러니까 지구가 아주아주 젊었던 신생대 제3기의 중기에서 후기까지 지구의 북반구에 널리 분포했던 나무란다.

이 나무는 화석으로만 알려졌었는데, 1945년에 중국의 쓰촨성과 후뻬이성의 양자강 상류에서 발견되면서 사람들에게 알려지게 되었어. 이렇듯 오랜 시간을 살아왔기 때문에 메타세콰이아는 '살아 있는 화석'이라고 부르기도 해.

우리나라에서도 이 나무가 포항에서 발견되었는데, 석탄기를 전후한 고생대 지층에서 화석이 발견되었단다. 신기하지? 아주 오랜 시간이 흘렀는데도 바위 틈에서 발견되어 나무의 생존을 알 수 있으니 말야!

메타세콰이아는 성장이 무척 빨라서 가로수로 많이 심어. 중국에서는 쑥쑥 잘 자라는 이 나무를 보고 '수삼나무'라고 불렀다는구나. 그 이유는 메타세콰이아가 주로 물이 많은 하천 유역이나, 영양분이 많은 땅에서 잘 자랐기 때문이야. 키가 크는 만큼 뿌리도 깊게 내려야 하니까 물과 영양분이 많이 필요했던 거지.

나무의 최고 높이는 35m 정도이고 지름은 2m 내외에 이르기 때문에 거인나무라고 할 수 있어.

메타세콰이아의 이파리는 부드러운 비늘처럼 생겼어. 늘 푸를 것 같지만 가을에 낙엽이 지는 나무란다. 이파리가 떨어지면 아주 작은 잔가지들이 나무에 많이 달려 있는 걸 볼 수 있는데, 이 가지의 수만큼 뿌리에도 잔뿌리가 많이 있단다. 나무는 가지만큼 뿌리를 내려야 튼튼하게 자랄 수 있거든. 메타세콰이아의 열매는 그 생김새가 좀 특이하단다. 나무의 키에 비해 열매가 무척 작지. 솔방울과 비슷하게 달리지만 모양은 다르단다.

솔방울은 비늘처럼 생겼는데, 메타세콰이아 열매는

메타세콰이아의 열매

익기 전에는 둥근 구슬처럼 생겼지. 열매가 익으면 서서히 벌어져서 그 속에 보관되어 있던 씨가 날개를 달고 날아간단다.

씨앗이 빠진 방울을 보면 마치 입을 벌린 것처럼 보여. 앙증맞은 방울을 가지고 목걸이나 팔찌를 만들어서 친구들에게 선물해 줘 볼까?

메타세콰이아 열매로 팔찌 만들기

1. 메타세콰이아 열매를 주워 온다.

2. 종이끈을 잘라 열매끼리 묶어 주면 완성!

무슨 줄기가 이렇게 생겼지?
화살나무

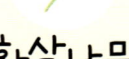

화살나무

과명 : 노박덩굴과
학명 : Euonymus alatus (Thunb.) Siebold
원산지 : 한국   **크기** : 높이 3m
꽃피는 시기 : 5~6월   **열매 익는 시기** : 10월

  학교 담벼락에 쭉 늘어서 있는 나무 중에서 가을이 되면 유난히 붉게 물드는 나무를 발견한 친구들이 있을 거야! 어느 학교에나 있는 것은 아니지만 대체로 이 나무가 심어져 있는 학교들이 많더구나. 바로 화살나무란다.
  화살나무를 자세히 들여다보면 줄기가 둥글지 않고 마치 날개를 달아 놓은 것 같은 모양을 하고 있어. 그게 바로 화살의 뒷모습, 그러니까 날개를 달아 놓은 화살의 뒤쪽 모양처럼 생겨서 화살나무라는 이름이 붙은 거란다.
  줄기에 달려 있는 날개는 코르크질로 되어 있어 가볍지.
  화살나무는 크게 자라는 나무는 아니지만 계속 잘라 주지 않으면 제법 자란단다. 그래서 자르지 않은 화살나무를 산속이나 다른 곳에서 발견하게 되면 학교에서 봤던 나무랑 느낌이 전혀 달라 못 알아볼 수도 있어.
  화살나무는 봄에 아주 연한 초록빛의 꽃이 피는데 자세히 들여다보기 전에는 꽃을 알아보기 힘들어. 이파리와 비슷하게 보이거든. 화살나무는 꽃이 피었는지 눈으로 확인하지 못하고 지나칠 때가 많아. 그런데 향기를 맡고 벌들이 잘 찾아오는 걸 보면 참 신기하지!

새로 나기 시작한 화살나무의 어린잎은 '홋닢나물'이라고 부르는데, 나물로 무쳐 먹기도 하고 차로 만들어 마시기도 한단다.

화살나무의 열매

가을에는 주황빛 열매가 달리는데, 겨울 동안 새들에게 먹이가 되지. 화살나무는 사람에게도, 새들에게도 양식을 만들어 준단다.

화살나무의 줄기에 달려 있는 날개는 가시를 빼는 약으로도 유명하단다. 내가 어릴 적에 할머니에게 들은 이야기인데, 날개 부분을 태워서 생긴 재를 가시가 박힌 부분에 바르면 가시가 저절로 빠져 나온대. 신기하지?

하지만 오래된 줄기에는 날개가 생기지 않는단다. 왜 어린 줄기에만 날개가 있는 걸까? 그 이유는 초식동물들이 맛있는 이파리를 다 먹어 버릴까 봐 자신을 보호하려고 날개를 달아 먹지 못하게 막는 거란다.

가을에 단풍이 예쁘게 드는 화살나무는 사람들이 좋아해서 꽃꽂이 재료로도 많이 쓰여. 이름처럼 화살나무로 진짜 화살을 만들기도 하고. 우리도 화살을 만들어 볼까?

겨울 내내 새를 부르는
쥐똥나무

쥐똥나무

과명 : 물푸레나무과
학명 : Ligustrum obtusifolium Siebold & Zucc.
원산지 : 한국   **크기** : 높이 2~4m
꽃피는 시기 : 5~6월   **열매 익는 시기** : 10월

똥 얘기만 나오면 깔깔대는 너희! 똥이라는 발음과 모양이 그렇게 재미있니? 생각만 해도 재미있어 하는 너희에게 이 나무를 소개해 줘야겠구나. 이 나무 이름에도 '똥' 자가 붙어 있거든!

누구 똥이냐면 바로 쥐의 똥이란다. 이 나무의 이름은 바로 쥐똥나무야. 왜 이런 이름이 붙었을까? 보통 이런 이름이 붙은 나무들은 어딘가 생긴 모양이 비슷하기 때문이야. 나무의 어디가 똥처럼 보이는지 찾아볼까?

아, 잘 안 보인다고? 맞아. 쥐의 똥 모양이 나타나는 계절이 따로 있거든. 그 시기가 딱 맞아야 찾을 수 있지.

쥐똥 모양은 늦은 가을쯤에나 찾을 수 있을 거야. 가을이 되면 쥐똥 모양의 열매들이 달리거든.

쥐똥나무는 봄에 하얀 꽃이 피는데 향기가 진하단다. 바람결에 슬쩍슬쩍 실려 오는 이 향기를 맡고 벌들이 모여들어서 열심히 꽃가루를 옮기지.

그리고 나서 꽃이 지면 그 자리에서 아주 작은 초록색 열매가 달리는데, 시간이 지나면 작았던 초록 열매가 조금씩 자라서 콩알보다 약간 작은 크기 만큼 자란단다.

초록색이던 열매는 점점 익어 가면서 검은빛으로 변해. 검은빛으로 변한 그 열매가 꼭 쥐의 똥처럼 생겼다고 해서 쥐똥나무가 되었지.

쥐똥나무의 열매

하지만 좀 더 자세히 보면 반짝반짝 아주 똘똘하게 생긴 쥐똥나무 열매는 쥐의 똥보다는 쥐의 똘망똘망한 눈망울 같기도 해. 그런데 겨우내 까맣게 달려 있는 씨가 점점 말라서 시들해지면 그땐 영락없는 쥐의 똥 모양이란다. 열매를 보면 그 이름과 나무가 정말 잘 어울린다는 걸 알 수 있지.

쥐의 똥처럼 생긴 열매는 날씨가 추워지면서 먹을 것이 부족한 새들의 먹이가 된단다. 내가 어릴 적에 우리 동네에는 겨울이면 쥐똥나무의 열매를 먹으려고 참새, 오목눈이, 직박구리 등 작은 새들이 날아왔어. 새들이 모여 시끄럽게 우는 바람에 한바탕 소란이 일어나기도 했었단다.

새의 먹이가 된 쥐똥나무 열매는 새가 먹고 소화시켜 똥이 되고, 그 똥 덕에 멀리 퍼져 나갈 수 있게 된단다. 열매는 발이 없지만 새가 그 열매를 먹고 날아가다가 똥을 싸면 새똥에 섞여서 먼 곳으로 이동하는 거지. 그러면 쥐똥나무는 먼 곳에서 새로운 터전을 만들게 되는 거야. 나무나 식물의 씨앗이 이렇게 이동할 수 있다는 게 신기하지 않니? 쥐똥나무를 여기저기 볼 수 있는 것은 다 이유가 있었던 거지.

　쥐똥나무 열매는 염색을 하는데 사용했단다. 겉으로는 까맣게 보이지만 청색과 옥빛색을 내는 물감으로 쓰였지. 양반들이 주로 입는 도포를 염색했어. 쥐똥 물이 든 도포라니!

　학교 밖 낮은 울타리에 쥐똥나무를 심은 곳이 있을 거야! 네모로 다듬어져 있는 경우가 많지. 가끔 동네에서 울타리 모양으로 잘리지 않은 형태의 쥐똥나무도 볼 수 있단다. 우리 학교 근처에는 어디에 있는지 찾아보렴!

제 2장

학교 운동장에도 식물이 살고 있어!

달빛에 더욱 빛나는
목련

목련

과명 : 목련과
학명 : Magnolia kobus DC.
크기 : 높이 10m
꽃피는 시기 : 3~4월   **열매 익는 시기** : 9~10월

'어, 겨울인데 꽃이 피려고 하네?'

추운 겨울 길을 걷다가 올려다본 나무에 나뭇잎은 하나도 없는데 커다란 꽃봉오리가 달린 걸 본 적이 있을 거야. 그게 바로 목련이란다.

겨우내 단단한 털 코트를 입고 있는 목련 꽃봉오리가 미리 봄을 준비하고 있는 거지. 겨울을 잘 견딜 수 있게 든든한 털옷을 입고 있다가 따뜻한 봄 햇살이 들기 시작하면 털 코트를 벗어 버리고 서서히 꽃을 피운단다.

연꽃은 주로 연못에서 피지만 연꽃과 비슷하게 생긴 꽃이 나무에 달려 있어서 목련(木蓮)이라는 이름이 붙게 되었어. 잎은 없고 꽃만 잔뜩 달려 있는 목련은 그야말로 환상적이지. 달빛에 보는 목련은 그 은은한 빛깔이 더욱 아름답게 느껴진단다. 달빛을 받아서 더 환하게 보이거든.

목련은 그 종류가 여러 가지인데, 그 모습이나 색깔에 따라 백목련, 자목련, 별목련 등이 있어.

목련은 꽃잎이 커다랗고 무거워서 꽃이 질 무렵에는 꽃잎이 뚝뚝 떨어진단다. 꽃이 지고 나면 잎이 나기 시작하는데, 커다란 꽃잎처럼 이파리도 크지. 여름이 되면 꽃이 진 자리에서 열매가 달리는데 모양이 조금 특이하단다. 열매가 익으면 붉은 빛깔이 배어 나오는데 그 모습이 꼭 칠면조 얼굴빛 같지.

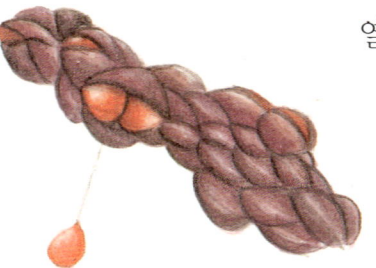

목련의 열매

열매가 빨갛게 익으면 벌어지는데 그 사이로 주황색 씨들이 보일 거야.

씨앗에는 가느다란 실이 있어서 바람을 타고 천천히 나무로부터 떨어져 날아가지. 나무는 움직일 수 없지만 씨앗을 멀리 보내기 위해 이렇듯 다양한 방법으로 씨앗을 퍼뜨린단다.

목련의 꽃을 감싸고 있던 털 코트 같은 꽃눈은 약재료로 쓰였지. 할머니가 어릴 적에는 봄이 되면 그걸 주우러 다니는 사람들도 많았단다.

방금 튀겨 놓은 팝콘 같은 꽃
조팝나무

조팝나무

과명 : 장미과
학명 : Spiraea prunifolia f. simpliciflora Nakai
크기 : 높이 1~2m   **꽃피는 시기** : 이른 봄
열매 익는 시기 : 5~9월경

봄이 되면 꽃은 어느 순간 나무줄기를 하얗게 뒤덮는단다. 봄이 맛있게 느껴지도록 자태를 뽐내는 나무가 있어. 아마 그 모습을 보면 팝콘이 생각날 거야. 그 이름도 비슷한 조팝나무를 소개할게.

옛날 사람들도 이 꽃을 보고 먹을 것을 떠올렸어. 조팝나무의 작은 꽃무더기를 자세히 보면 아주 작은 꽃잎 다섯 장 속에 노란 암술과 수술이 달려 있는데, 그 모습이 꼭 하얀 쌀밥에 노란 조를 섞은 것처럼 보인단다. 그래서 사람들이 '조밥, 조밥' 하다가 조팝나무라고 부르게 되었대.

예전에는 먹을 것이 참 귀했단다. 특히 조팝나무에 꽃이 필 때면 쌀도 떨어지고, 보리도 아직 덜 자라서 배고픔을 억지로 참으며 지내야 하는 시기였지. 지금은 먹을 것이 풍족해서 너희들은 상상할 수 없겠지만, 하얀 꽃잎 사이에 노랗게 찍혀 있는 꽃무더기를 보고 사람들은 밥을 떠올리곤 했었단다. 하얀 쌀밥에 조를 섞어 놓은 따뜻한 밥! 그 모습을 보면서 사람

조팝나무의 꽃

들은 배고픔을 조금 잊었는지도 모르겠구나.

조팝나무는 봄 햇살이 잘 드는 곳이면 어디서든 잘 자라는 식물이란다. 산기슭에서도 자라고, 밭둑에서도 자라지.

조팝나무의 잎은 아주 가느다란 줄기에 어긋나게 달려 있어. 꽃이 지고 난 자리의 꽃받침을 보면 그것 역시 또 다른 꽃이 핀 것처럼 예쁘단다.

봄에 가느다란 줄기에서 아주 작게 이파리와 꽃이 조금씩 싹을 틔우는데 그 모양이 꼭 작은 배추 같단다. 배추를 심어 놓은 것처럼 보이지.

조팝나무는 그 종류가 150여 가지나 있어. 조팝나무에는 통증을 없애고, 해열에 좋은 성분이 들어 있어서 약으로 만들어 쓰기도 했다는구나.

교실에 도착하기 전에 이곳저곳을 살피며 돋보기로 들여다보렴. 단 교문에 들어서서 말이야!

고운 모습 그대로 떨어지는

무궁화

무궁화

과명 : 아욱과
학명 : Hibiscus syriacus L.
원산지 : 중국과 인도   **크기** : 높이 3~4m
꽃피는 시기 : 7~10월   **열매 익는 시기** : 10월

무궁화 무궁화 우리나라 꽃 / 삼천리 강산에 우리나라 꽃
피었네 피었네 우리나라 꽃 / 삼천리 강산에 우리나라 꽃

무궁화라는 노래를 너희들은 알고 있니? 무궁화는 우리나라를 상징하는 국화란다. 없을 무(無) 다할 궁(窮). 무궁은 영원하다는 뜻이지. 무궁화는 '영원한 꽃'이라는 의미를 가지고 있어. 그런데 꽃이 어떻게 영원할까? 꽃은 피면 지기 마련인데…….

무궁화는 새벽녘에 피었다가 저녁이 되면 땅에 떨어지고, 다음 날 옆에 있던 봉오리에서 새롭게 꽃이 핀단다. 아주 얇은 종이로 말아 놓은 것 같은 꽃잎은 보드라워서 꽃이 더 예쁘게 느껴지지.

아침 햇살에 활짝 핀 무궁화는 태양의 꽃, 신의 꽃이라는 별명도 가지고 있단다. 『산해경』이라는 책에는 우리나라를 군자의 나라라고 칭하며 무궁

화가 있었다고 쓰여 있다는구나. 우리나라에 오래 전부터 무궁화가 살고 있었다는 얘기지.

　무궁화를 자세히 들여다보면 세 개의 아주 작은 꽃봉오리들이 모여 있어. 한 개의 꽃이 피었다 지면, 다음 꽃이 기다렸다 핀단다. 이렇게 무궁화는 세 개씩 꽃봉오리들이 뭉쳐 있다 번갈아 피기 때문에 계속 피어 있는 것처럼 보이는 거야.

　무궁화는 꽃도 예쁘게 진단다. 활짝 피었다가 오므라져서 똑 떨어지거든. 나무 위에 피어 있을 때도 예쁘지만, 꽃이 질 때도 똑 떨어진 모양이 예뻐서 마치 땅바닥에도 꽃이 핀 것 같단다.

　무궁화는 꽃이 진 자리에 씨 주머니가 생기는데, 가을부터 여물었다가 겨울을 나면서 오므리고 있던 씨 주머니가 서서히 벌어진단다. 그 안에는 털이 달린 씨가 들어 있는데 이 털을 날개 삼아 날아가는 거야. 씨의 모양은 꼭 숫사자의 갈기 달린 모습 같지. 무궁화를 찾으러 학교 운동장으로 함께 나가 볼까?

무궁화의 씨앗

세 번 놀라는
모과나무

모과나무

과명 : 장미과
학명 : Chaenomeles sinensis (Thouin) Koehne
원산지 : 중국　**크기** : 높이 10m
꽃피는 시기 : 5월　**열매 익는 시기** : 9월

　흥부가 부자가 되었다는 소문을 듣고 배가 아파 잠이 오지 않은 놀부는, 다음 날 아침 흥부네 집을 찾아갔다. 흥부에게 부자가 된 자초지종을 들은 놀부는 욕심이 나서 견딜 수가 없었다. 흥부네 집에서 제일 값나가 보이는 물건을 자기 집으로 가져가기로 마음먹은 놀부는 문양이 아름다운 장 하나를 발견한다.

　흥부는 그것이 '화초장'이라는 귀한 물건이라며 하인을 시켜 형님 댁으로 가져다 드리겠다고 한다. 하지만 놀부는 혹시라도 흥부 마음이 변할까 싶어 직접 그 장을 등에 진다.

　흥부가 '화초장'이라고 가르쳐 준 이름을 잊지 않으려고 놀부는 '화초장, 화초장, 화초장' 하고 입으로 외우며 집을 나섰다.

　'화초장, 화초장, 화초장'

모과나무의 꽃

놀부가 등에 지고 가던 그 화초장이 바로 모과나무로 만든 장이란다. '화초장'이라는 말은 문에 유리를 붙이고 화초 무늬를 그려 넣어 멋스럽게 만든 장을 말하는데, 모과나무로 만든 장을 '화초장'이라고도 한다는구나.

모과나무는 나무가 단단하고, 매끄럽고, 또 그 무늬가 아름다워서 모과나무로 만든 장을 옛날에는 으뜸으로 쳤거든. 모과나무로 만든 장은 놀부가 탐낼 만큼 좋은 물건이었던 게지.

'모과나무를 보고 세 번 놀란다.'는 말이 있는데, 혹시 들어 본 적 있니? 모과를 본 친구들이 있다면 아마 내가 어떤 이야기를 하려고 하는지 짐작할 수 있을 거야. 한번 들어 보렴.

옛날에 어떤 사람이 나무껍질이 미끈하고, 빛이 나는 갈색을 하고 있고, 게다가 멋진 얼룩무늬가 있는 모과나무의 모습에 반했단다. 그래서 이렇게 예쁜 나무에는 어떤 열매가 달릴까 기대하며 마당에 모과나무를 한 그루 심었지. 나무가 자라서 열매가 열렸는데, 나무의 멋진 모습과는 정반대로 못생긴 열매가 주렁주렁 달리는 거야. 그 사람은 깜짝 놀라서 쓸모없어 보이고, 못생긴 모과를 내다 버리려고 했지. 그런데 그 열매에서 나는 향기를 맡고 또 한 번 깜짝 놀랐어. 달콤하고 향긋한 냄새가 진동을 하는 거야. 그래서 향이 좋은 열매이니 맛은 어떨까? 하고 잔뜩 기대하며 그 열매를 한입 물었지. 아이고, 세상에 이렇게 떫은 맛이 또 있을까? 깜짝 놀라서 베어 물었던 모과를 얼른 뱉어 버리고 말았단다.

못 생긴 모양에 놀라고, 달콤한 향기에 놀라고, 떫은 맛에 놀란 게지.

하지만 모과는 보면 볼수록 이상야릇한 매력이 있단다. 모과를 가지고 꿀에 재어 두면 향긋한 모과차가 되거든. 모과는 무기질과 비타민 C가 많아서 감기 예방에 좋고, 피부에 좋지. 겨울에 따뜻한 차로 마시면 좋단다.

아, 봄에 분홍빛으로 수줍은 듯 피어나는 모과나무 꽃도 우리를 또 한 번 놀라게 하지. 모과나무는 우리를 다섯 번쯤은 놀라게 하는 것이 같구나!

모과차 만들기

준비물: 모과, 설탕, 꿀
(모과가 100g이면 설탕 70g, 꿀 30g을 사용한다.)
준비하기: 모과차를 담을 유리병을 깨끗하게 닦아서 준비한다.

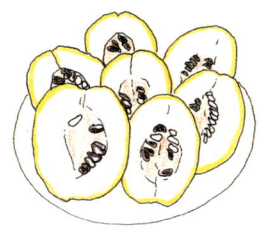

1. 모과를 수세미로 깨끗하게 닦는다. 미지근한 물로 닦으면 모과 표면의 끈적거리는 왁스 성분이 잘 닦인다.

2. 모과를 반으로 가르고 씨를 뺀다.

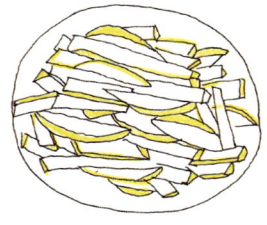

3. 모과를 4등분하여 얇게 썬다.

4. 얇게 썬 모과와 설탕을 함께 버무린다.

5. 병에 차곡차곡 담아 누른 후 꿀을 붓는다.

★ 밀봉한 다음 15~20일 정도 숙성시킨 후, 냉장 보관한다.

감기 예방에 좋은 사포닌, 구연산, 비타민 C 등이 들어 있다.
목이 아플 때, 기침이 날 때 먹으면 효과가 좋다.
무기질이 많아서 피로 회복에 좋다.

시원한 그늘 아래 예쁜 등이 주렁주렁
등나무

등나무

과명 : 콩과
학명 : Wisteria floribunda
꽃피는 시기 : 5월   **열매 익는 시기** : 9월

운동장 한쪽에서 햇빛을 가려 주고 시원한 그늘을 만들어 주는 등나무! 학교 수업이 끝나면 등나무 아래서 친구들과 공기놀이도 하고, 콩쥐팥쥐 놀이도 하고, 신데렐라 노래도 부르며 놀았었지. 한비가 가끔 친구들과 등나무 아래서 놀고 있는 것을 보면, 등나무는 누구에게나 편한 그늘을 내주는 것 같다는 생각이 들더구나. 너희도 학교 운동장의 한 구석이나 스탠드에 지붕처럼 얹은 등나무를 많이 보았을 거야. 여름날 땡볕을 피할 수 있게 시원한 그늘이 되어 주는 곳이지.

기둥만 있으면 등나무는 어디든지 칭칭 감고 올라간단다. 그런데 마치 방향을 알고 있는 것처럼 오른쪽으로 감아 올라가지. 기둥이 없으면 옆에 있는 나무를 감으며 올라가기도 하고.

봄이 되어 등나무에 어린잎이 나기 시작하면 그 잎을 나물로 먹기도 하고, 주렁주렁 포도송이처럼 달리는 꽃으로 떡을 만들어 먹기도 했단다. 주

렁주렁 달린 꽃들이 어둠을 밝혀 주는 등을 달아 놓은 것 같아 등나무라는 이름과 잘 어울리는 것 같구나.

　등나무는 꽃향기도 좋아서 사람들의 코도 즐겁게 해 준단다. 어린 줄기는 돌아다니기 좋아하는 아이처럼 이리저리 손을 뻗어 움직이는 것 같지. 등나무는 꽃이 지면 콩깍지처럼 생긴 열매가 주렁주렁 달린단다.

　옛날에는 등나무 줄기는 지팡이를 만들고, 가지는 바구니를 만들어 썼어. 또, 껍질은 종이를 만들었단다.

　이렇듯 쓰임새도 많고, 아름다운 꽃과 향기, 달콤한 꿀, 시원한 그늘을 만들어 주는 등나무를 어찌 좋아하지 않을 수 있겠니!

　친구처럼 우리 곁에서 함께해 주는 등나무가 새삼 고맙구나!

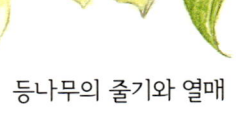

등나무의 줄기와 열매

사계절 내내 푸른

사철나무

사철나무

과명 : 노박덩굴과
학명 : Euonymus japonicus Thunb.
크기 : 높이 6~9m
꽃피는 시기 : 6~7월   **열매 익는 시기** : 10월

사철이라는 이름은 '사계절 내내'라는 뜻인데, 왜 이런 이름이 붙었을까? 다른 나무들도 사계절 내내 살아있는데……. 사철나무를 살펴보면 그 뜻을 알 수 있단다.

사철나무는 봄에도 파랗고, 여름에도 파랗고, 가을에도 파랗고, 겨울에는 심지어 눈 속에서도 파랗고 넓적한 나뭇잎을 달고 있단다. 그 모습을 보면 '그래서 사철나무라는 이름이 붙었구나!' 하고 고개를 끄덕이게 되지.

봄이 되면 연초록빛의 어린잎이 나오는데 반짝반짝 기름을 칠한 듯 예쁘단다. 여름이 되면 잎과 구분하기 어려운 색깔의 가느다란 꽃이 나오는데 꽃향기가 아주 진해. 그래서 곤충들이 향기를 따라 많이 찾아온단다. 우리는 벌만 꿀을 따러 온다고 생각하지만 여러 가지 곤충들이 꽃 주변으로 모여들지.

꽃이 진 자리에는 열매가 생기는데, 익은 모습이 참 예쁘단다.

콩알만 한 열매가 빨갛게 익어 가면서 서서히 네 갈래로 벌어지는데, 그 모습은 그냥 봐도 예쁘지만 눈 속에서 열매를 발견하면 마치 보석을 찾아낸 듯 기쁘단다.

사철나무의 열매

사철나무는 우리 주변에서 울타리로 많이 쓰이는데 학교 가는 길이나 학교 울타리에서 많이 볼 수 있단다. 학교를 오가는 길에 파란 잎의 키 작은 나무를 본 적이 있다면, 사철나무일 가능성이 크단다. 봄이 되면 잎을 찾아보고, 여름에는 꽃도 찾아보고, 잘 여문 보석 같은 열매도 찾아보렴. 계절마다 사철나무의 다른 모습을 발견할 수 있을 거야.

사철나무는 전통 혼례식에도 쓰였어. 상을 차려 놓고 신랑 신부가 절을 하는데 그 상 위에 사철나무 가지를 꺾어다가 장식을 했단다. 사철나무가 사계절 내내 변하지 않는 것처럼 부부 사이에도 변하지 않고 정을 나누라는 의미로 장식한 거란다.

살랑살랑 강아지 꼬리 같은

강아지풀

강아지풀

과명 : 벼과
학명 : Setaria viridis (L.) P.Beauv. var. viridis
원산지 : 한국　**크기** : 높이 40~70cm
꽃피는 시기 : 7~8월　**열매 익는 시기** : 8~9월

　어릴 적에 친구들과 신 나게 놀다가 저녁 때 풀밭에 앉아 쉬고 있으면, 주변에 강아지풀이 있는 것을 흔하게 볼 수 있었어. 풀밭에 앉아서 친구들과 노래를 부르며 노을이 지는 것을 구경할 때에는 마치 강아지풀이 노을빛 물결처럼 보이기도 했단다. 엄마를 따라 아침 일찍 약수터에 갈 때에는 강아지풀에 달린 이슬들이 반짝반짝 빛나는 보석처럼 보였지.

　강아지가 꼬리를 살랑대는 모습하고 닮아서 강아지풀이라고 부른단다. 강아지풀을 하나 뽑아서 친구들과 간지럼 놀이를 해 보렴. 친구들도 까르륵, 나도 깔깔깔……. 누구와든 금방 친해지는 것이 강아지풀이란다.

　강아지풀은 한 해만 사는 한해살이 식물이지만, 씨앗을 많이 만들어 이듬해도, 그 이듬해도 끊임없이 생기고 자란단다. 강아지풀의 씨앗은 옛날에 죽을 쑤어서 먹기도 했어.

　지금은 환경도 깨끗하고, 음식의 재료도 위생적이어서 사람들에게 기생

충이 없는 편이지만 예전에는 그렇지 못해 아이들의 몸에 기생충이 많았단다.

강아지풀의 뿌리는 기충생의 한 종류인 촌충을 없애 주는 귀한 약으로도 쓰였고.

어디서든 볼 수 있는 흔한 풀이지만 약으로도 쓰이다니, 생명이 있는 것은 모두 제 몫을 타고 나는 것 같구나.

강아지풀은 종류가 여러 가지인데 조금씩 다른 모양을 하고 있어. 가을에 꽃을 피우는 가을강아지풀, 꽃차례(꽃이 피는 모양)가 황금색을 띠는 금강아지풀, 바닷가에서 자라는 갯강아지풀, 우리가 밥에 넣어 먹는 잡곡인 조와 합쳐진 수강아지풀 등이 있단다.

강아지풀의 뿌리

바람으로부터
　우리를 지켜 주는 든든한
소나무

소나무

과명 : 소나무과
학명 : Pinus densiflora Siebold & Zucc.
원산지 : 한국 **크기** : 높이 35m, 너비 2m
꽃피는 시기 : 5월 **열매 맺는 시기** : 9~10월

여름이 되니 바람이 많이 부는구나!

이리저리 흔들리는 나무의 모습을 보고 우리는 눈에 보이지 않는 바람을 알아보기도 하지.

바닷가 근처는 바람이 더 세차게 불고, 바람이 육지로 향하기 때문에 옛날 사람들은 바다와 육지가 만나는 곳에 나무를 심어 두었단다. 이렇게 바람을 막기 위해 심어 놓은 나무들을 방풍림(바람막이 숲)이라고 해.

방풍림은 바다로부터 부는 거센 바람을 막아 농사 피해를 줄이려고 만드는 거란다. 방풍림에 쓰이는 나무들은 주로 크고, 빨리 자라며, 바람을 견디는 힘이 좋은 상록수, 특히 오래 사는 침엽수를 심었어.

지금도 바닷가 근처에 가면 소나무 숲이 있는 곳을 볼 수 있을 거야. 바람도 막아 주고, 놀러간 사람들이 햇빛도 피하게 해 주지. 머리가 맑아지는 소나무 향도 맡을 수 있고. 정말 여러 가지로 쓸모 있지?

바닷가에 있는 소나무는 해송이라고 해. 바다 해(海) 소나무 송(松)! 바람이 부는 바다에서 자란 해송은 육지에서 자란 소나무에 비해 잎이 좀 짧고 키가 작아.

소나무는 방풍림의 역할을 하며 우리를 보호해 주었지만 다른 의미에서도 우리를 보호했단다.

아기가 세상에 나오면 새끼줄에 솔잎과 숯을 끼워서 문 앞에 '어린 생명이 있으니, 조심하시오!'라는 경고의 표시를 달았지. 솔잎이 나쁜 기운을 막아 준다고 생각했거든.

소나무의 잎과 열매

송화(소나무의 꽃가루)로는 다식을 만들어 먹고, 추석이 되면 솔잎을 넣어 송편을 쪘단다. 솔잎은 송편이 상하지 않게 하는 방부제 역할을 하거든. 실제로 솔잎을 넣고 찐 송편이 그냥 찐 송편보다 오래 두고 먹을 수 있단다. 물론 솔잎향이 나서 떡도 훨씬 맛있지.

그런데 조심할 게 있어. 바늘잎 모양이라고 해서 소나무 잎인 줄 알고 함부로 사용하면 안 되고, 바늘잎이 두 장으로 되어 있는 소나무를 사용해야 한단다.

스트로브 잣나무의 잎과 열매

소나무에서는 피톤치드라는 물질이 나오는데, 산림욕의 효과가 있기도 하고,

85

머리를 맑게 해 주는 약이 되기도 한단다. 방부제도 되고 말이야.

　소나무는 그 모습도 늠름하고 아름다워서 옛날 그림에 많이 등장했어. 나무줄기가 꼭 거북이의 등 같기도 하고, 여러 도형이 모여 있는 것 같기도 해서 그 모습이 매력 있거든.

　햇빛을 좋아하고, 햇빛을 많이 받아야 잘 자라는 나무, 사람들을 지켜 주는 늘 푸른 소나무!

　너희의 마음 속에도 이런 소나무가 한 그루씩 있어 강건하고 씩씩하게 자라나길 바래.

솔방울 마술

1. 땅에 떨어진 솔방울을 주워 물에 담근다.

2. 물에 담궈 둔 솔방울을 주스 병에 넣는다. 물기가 마르고 나면 솔방울이 활짝 피어오른다.

잠깐!
- 솔방울이 마르면 병에서 꺼낼 수 없지만, 주스병에 물을 가득 담고 솔방울이 오므라들면 다시 꺼낼 수 있다.
- 솔방울은 씨 주머니인데, 벌어진 열매 잎 사이사이에 씨가 들어 있다. 건조해지면 솔방울이 벌어져 씨앗을 멀리 보낼 수 있다.

제 3장

누가 가꾸는 화단일까?

봄비 내리는 날, 향기 가득한
수수꽃다리

수수꽃다리

과명 : 물푸레나무과
학명 : Syringa oblata var. dilatata (Nakai) Rehder
크기 : 높이 2~3m
꽃피는 시기 : 4~5월   **열매 익는 시기** : 9월

봄비가 부슬부슬 내리는 날 교실에 앉아 있으면 어디선가 진한 향기가 코를 간지럽히지. 아주 향긋한 냄새인데, 도대체 어디서 나는 향기일까? 짝꿍한테서 나는 걸까? 아니면 예쁜 담임 선생님에게서 나는 걸까?

이런 생각이 들었다면, 밖을 한번 내다보렴! 엷은 분홍빛의 예쁜 꽃다발이 봄비에 흔들리고 있는 걸 볼 수 있을 거야.

우리가 먹는 수수가 달리듯 꽃이 달려 있다고 해서 이 꽃을 '수수꽃덩어리', '수수꽃다리'라고 부른단다.

수수꽃다리는 작은 꽃 무더기가 한 덩어리로 피는데 그 모습이 눈에 확 띄도록 아름답지. 꽃이 예쁘기도 하지만 사실은 향기가 진하고 아름다워 더 유명해진 꽃이란다. 우리가 부르는 이름은 소박하지만 이 꽃은 또 다른 멋진 이름을 가지고 있어. 바로 라일락이란다. 라일락이라는 이름은 많이 들어봤지?

물론 라일락은 여러 종류가 있어서 수수꽃다리와는 조금 다르지만 비슷하단다.

우리나라에서 자란 수수꽃다리는 그 크기가 조금 작아. 하지만 다양한 방법으로 교배하고 개량해서 라일락과 구분하기가 쉽지는 않단다. 그래서 사람들은 통틀어서 라일락이라고 불러.

또, 향기가 좋아 정향나무라고 부르기도 해. 향기가 좋은 수수꽃다리는 학교 화단에도 심고, 정원에도 심고, 아파트 화단에도 많이 심고 있어.

할머니는 수수꽃다리를 보면 봄비가 생각난단다. 비가 내리는 날에는 향기가 더욱 진하게 느껴지지. 창문 너머로 친구랑 함께 꽃을 보면서 도란도란 이야기를 나누기도 했단다. 친구와 함께 학교 화단에 앉아서 노래를 부르기도 하고 말이야! 그때는 할머니도 너희처럼 예쁜 소녀였단다. 수수꽃다리가 꼭 타임머신처럼 그 시절로 보내 주는 것 같구나!

화단을 지키는
회양목

회양목

과명 : 회양목과
학명 : Buxus koreana Nakai ex Chung & al.
크기 : 높이 5~7m
꽃피는 시기 : 3~5월   **열매 익는 시기** : 6~7월

　학교 앞 화단을 살펴보면 울타리를 이루고 있는 나무가 있을 거야. 떨기나무라고도 부르는 이 나무가 바로 회양목이란다.

　이 나무는 공해가 많은 곳에서도 잘 자라고 가뭄에도 잘 견디는 강한 나무야. 자라는 속도가 느려서 한 해에 고작 3cm 정도 자라지만, 오랜 시간 천천히 자라기 때문에 아주 단단하고 야무지단다.

　단단하게 잘 자란 회양목으로 옛날 사람들은 도장을 만들기도 하고, 장기알도 만들어 사용했어. 나무의 특징을 잘 알고 필요한 용도에 따라 사용한 거야. 한비와 한비 친구들도 이런 지혜가 있었으면 좋겠구나!

　회양목은 봄에 연초록빛의 꽃이 핀단다. 꽃인지 이파린지 언뜻 보면 구분이 잘 가지 않지만 벌들은 꽃향기를 맡고 꿀을 따러 모여들지. 봄바람에 실려 온 향기를 맡고 벌과 나비가 모여드는 거야.

　꽃이 지고 난 자리에는 초록빛의 단단한 열매가 생긴단다. 가을에 열매

가 익어서 서서히 세 쪽으로 벌어지면, 그 속의 작은 씨앗이 바람을 타고 날아가지.

　벌어진 열매를 자세히 보면 무엇인가와 닮아 보이는데, 그게 뭔지 아니? 한번 알아 맞춰 보겠니?

　보는 사람마다 다르게 보일 수 있겠지만, 할머니는 자세히 들여다보니 벌어진 열매가 꼭 세 마리 부엉이가 있는 것처럼 보이더구나! 너희들은 어떻게 보이니?

회양목의 열매가
벌어진 모습

끈적끈적한 꽃봉오리
철쭉

철쭉

과명 : 진달래과
학명 : Rhododendron schlippenbachii Maxim.
크기 : 높이 2~5m
꽃피는 시기 : 5월   **열매 익는 시기** : 10월

이 꽃잎은 먹을 수 있을까, 먹을 수 없을까?

진달래와 비슷해 보이는데 진달래일까, 아닐까? 진달래와 비슷해 보이지만 알고 보면 다른 이 꽃이 바로 철쭉이란다.

진달래와 철쭉은 봄에 피는 꽃 중 가장 비슷해 보여 사람들이 같은 꽃으로 오해할 때가 많단다. 하지만 자세히 보면, 다르게 생겼다는 걸 금방 알 수 있어. 진달래는 좀 수줍은 듯 순하게 생겼고, 철쭉은 똘똘하고 훨씬 진한 빛을 내거든.

하지만 가장 큰 차이는 이 두 꽃이 피는 시기가 다르다는 거야. 진달래는 아주 이른 봄에 피고, 철쭉은 4월쯤에 핀단다. 피는 시기가 다르기 때문에 두 꽃을 확실하게 구분할 수 있지.

진달래는 이른 봄에 피기 때문에 숲의 나무들이 아직 나뭇잎을 많이 내지 않을 때라서 겨울 나무 사이에 진달래만 환하게 피어 있지. 하지만 철

쭉은 나무들이 봄 활동을 활발히 시작한 때에 피기 때문에 빽빽한 나무들 사이에 화려하게 피어 있단다.

또, 진달래는 아직 추워서 벌레들의 활동이 적은 이른 봄에 피기 때문에 꽃에 독이 없어. 식물들은 자기를 보호하기 위해 독을 만들기도 하는데 진달래는 그럴 필요가 없는 거지. 독이 없기 때문에 진달래는 꽃잎을 따서 화전도 만들어 먹고, 화채도 해서 먹을 수 있는 거야.

하지만 철쭉은 봄이 한창일 때 피는데, 이 시기에는 벌레들도 많아. 그래서 벌레로부터 자신을 보호하기 위해 독을 만든단다. 이렇게 예쁜 꽃에 독이 어디 있냐고?

철쭉의 꽃봉오리를 손으로 만져 보면 끈적끈적한데, 그게 바로 독이란다. 그래서 철쭉으로는 화전을 만들어 먹을 수가 없는 거지.

산에 사는 양들도 철쭉에 독이 있는 걸 알고 먹지 않는다고 해.

철쭉처럼 다른 식물들도 다양한 방법으로 자신을 보호한단다. 가시를 만들어서 위협하는 찔레나무도 있고, 개미를 불러들여 자신을 보호하는 벚나무도 있지. 애기똥풀은 쓴맛이 나는 노란

진달래

액체를 뿜어내 자신을 보호하지. 이렇게 식물이 자신을 보호하는 이유는 곤충이나 동물로부터 꽃을 보호해 수정을 하고, 열매를 맺기 위해서야. 꽃들이 참 똑똑하지?

진달래와 철쭉은 다른 점이 또 있어. 진달래는 잎이 나기 전에 꽃이 피고, 철쭉은 잎이 난 상태에서 꽃이 피기 때문에 꽃이 피는 모습을 보고 구분할 수 있단다.

철쭉은 엷은 분홍부터 진한 분홍, 빨간 빛깔 등 여러 가지 빛깔이 있어 봄을 화려하게 장식하지. 봄이 되면 학교 앞 화단에서도 빛깔 고운 철쭉을 만날 수 있을 거야!

새색시처럼 수줍은
분꽃

분꽃

과명 : 분꽃과
학명 : Mirabilis jalapa L.
원산지 : 남아메리카   **크기** : 높이 60~100cm
꽃피는 시기 : 6~10월

한여름 햇볕이 너무 뜨거워 엄마는 밖에 나가지 말란다.

아, 심심해.

심심해 죽겠다.

친구들은 다 어디로 간 거지.

여름낮은 정말 지루해.

노을이 지기 시작한다. 엄마가 이제 나가 놀아도 된단다.

나는 밖으로 뛰어나갔다. 친구들은 보이지 않고 분꽃만 활짝 피었다.

분꽃을 하나 따서 끝을 잡고 살살 빼니 길게 늘어진다.

귓구멍에 넣으니 딱 맞게 들어가서 귀걸이가 되었다.

어, 저기 민서도 오고 현지도 오네.

이제 친구들과 분꽃으로 화장 놀이 해야지.

분꽃의 씨앗

어린 시절 할머니가 친구들하고 놀던 모습이란다. 분꽃은 특히 여자아이들이 좋아하는 꽃이었지.

나팔 모양으로 생긴 분꽃은 여름날 저녁 노을이 질 때쯤 핀단다.

분꽃의 향기는 꼭 엄마 화장품 분에서 나는 냄새 같았어. 또 그 빛깔은 얼마나 선명하고 예쁘던지……. 할머니는 어릴 적에 분꽃을 제일 좋아했단다. 노을이 질 때 보는 분꽃은 더욱 예뻐 보였지.

분꽃을 하나 따서 끝 부분을 살살 빼면 꽃술이 길게 늘어져서 꽃이 달랑달랑 매달린단다. 그걸 귓구멍에 넣으면 영락없이 예쁜 귀걸이가 되었어. 여자아이들은 그걸 귀에 꽂고 마치 예쁜 공주가 된 듯이 걸음걸이를 조심조심하며 공주 놀이를 했지.

꽃이 진 자리에는 씨앗이 생기는데, 처음에는 초록빛의 알을 담아 놓은 것 같다가 열매가 익으면 까맣게 변해서 씨가 똑 떨어진단다.

그 씨앗을 반으로 가르면 가루가 나오는데, 마치 여자들의 얼굴을 뽀얗게 만들어 주는 분 같았단다. 그래서 이름이 분꽃이라고 붙여진 걸까?

자연놀이

분꽃으로 귀걸이 만들기

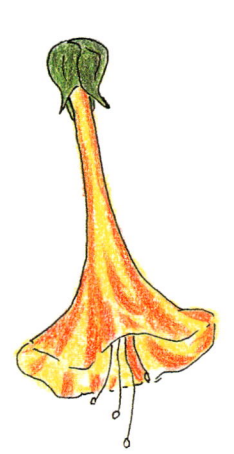

1. 분꽃을 딴다.

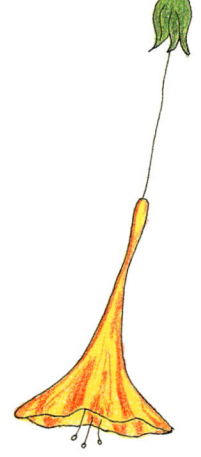

2. 씨가 있는 끝부분을 붙잡고 살짝 잡아당긴다.

3. 씨방 부분을 귓구멍에 넣는다.

향기만큼이나 고운 무늬를 가진
향나무

향나무

과명 : 측백나무과
학명 : Juniperus chinensis L.
크기 : 높이 20m, 너비 3.5m
꽃피는 시기 : 4월   **열매 익는 시기** : 9~10월

    학교에 있는 나무를 떠올리면 먼저 생각날 정도로 학교에는 향나무가 많이 있단다.

    둥글게 모양을 다듬어 놓은 모습이나, 시간이 지날수록 겹겹이 비틀어지는 줄기의 모습은 향나무만의 아름다움을 나타내지. 향나무는 궁궐이나 절, 정원 등 중요한 장소에 많이 심었단다. 학교도 너희가 생활하는 중요한 곳이기 때문에 특별히 심은 게 아닐까?

    향나무에서는 정말 이름처럼 향이 날까? 보통 사람들이 말하는 '향이 좋은 나무'는 꽃향기가 좋거나 열매의 향기가 좋은 경우란다. 하지만 향나무는 나무 자체에서 향이 나지.

    향나무는 암나무, 수나무가 따로 있어. 4월이 되면 작은 꽃들이 피는데, 열매는 꽃이 핀 그 해에 익지 않고 다음 해에 익는단다. 두 해에 걸쳐서 열매를 만들어 내는 거지.

향나무의 어린 나뭇가지는 끝이 바늘처럼 뾰족한 침엽으로 되어 있어. 하지만 5년 이상 된 나이 먹은 가지에는 얇고 작은 잎들이 비늘처럼 포개져서 부드러운 느낌을 주는 이파리로 되어 있단다. 어린잎을 보호하려고 그런 것 같아. 참 대단하지?

측백나무의 잎과 열매

향나무의 줄기는 다듬어서 향을 만든단다. 우리가 차례를 지내거나 제사를 지낼 때 피우는 것을 향이라고 해.

너희들은 절에서 스님들이 불경을 외우거나 기도를 드릴 때 손에 들고 돌리는 염주를 본 적 있니? 그 염주 알을 만들 때에도 향나무가 쓰인단다.

나무의 결도 아름답고, 빛깔도 분홍빛을 띠고, 게다가 좋은 향기가 나기 때문에 귀한 대접을 받았지. 향나무로 은은하고 인자한 모습의 불상을 만들기도 했어.

향나무는 고운 무늬와 빛깔을 가지고 있어서 가구를 만드는 재료 중 최고로 손꼽기도 한단다. 좋은 향기를 내기 때문이지. 향나무로 가구를 만들어 방에 두면 방 안 가득 향기가 나서 눈도 즐겁고, 코도 즐겁고, 마음까지 경쾌해지는 효과를 얻을 수 있거든.

옛날에는 상자나 궤짝을 만들어 귀중한 서류나 책, 옷 등을 보관했단다. 향나무로 만든 장은 향기도 나고 통풍도 잘 되어 벌레가 생기지 않아 물건을 잘 보관할 수 있었다는구나.

향나무의 이파리는 살충제로 쓰였어. 향나무도 참 다양한 용도로 사용했단다.

키 작은 대나무

조릿대

조릿대

과명 : 벼과
학명 : Sasa borealis (Hack.) Makino
크기 : 높이 1~2m
꽃피는 시기 : 4월　　**열매 익는 시기** : 6~8월

　대나무는 아니지만 나무 그늘 아래 낮게 자라고 있는 대나무 비슷한 식물을 본 적이 있니? 키는 작지만 대나무의 한 종류인 조릿대란다.
　대나무는 따뜻한 남쪽 지방에서 잘 자라는데, 조릿대는 추위에도 강하고 그늘에서도 잘 자라지. 큰 나무 아래에서도 잘 자라고.
　무리를 지어 자라는 조릿대는 줄기는 아주 가늘지만 잎은 줄기에 비해 조금 넓은 모양이야. 그늘에서도 잘 자라는 조릿대는 햇빛을 잘 받기 위해 다른 대나무보다 잎이 조금 넓단다.
　조릿대의 줄기는 곧게 자라지만 속은 비어 있어. 속은 비어 있지만 마디가 있어서 나무를 지탱해 주지. 속이 비어서 바람이 부는 날이면 바람 따라 소리를 내며 이리저리 흔들린단다.
　조릿대와 비슷한 대나무는 땅속에 줄기를 뻗어서 계속 퍼져 나가는데, 그 줄기에서 죽순이 나와 대나무가 된단다. 대나무는 60년~100년에 한

번 꽃이 피기 때문에 꽃을 보기가 쉽지 않아. 대나무는 꽃을 피우고 난 뒤에 말라 죽는단다. 죽기 전에 온 힘을 다해 꽃을 피운 거지.

대나무는 쓰임새도 다양해서 집을 지을 때 흙벽에 넣어 뼈대로 쓰기도 했어. 또 소쿠리, 대자리, 피리, 장구채도 만들었지.

할머니가 어릴 적만 해도 생활용품을 직접 만들어 사용했는데 대나무도 재료가 되었지. 지금은 주로 플라스틱으로 만들지만 말이야. 대나무로 만든 물건들을 보면, 그 쓰임새를 생각하며 만들었을 사람들의 마음과 손길이 느껴지는 것 같단다. 자연을 이용하는 슬기로운 지혜와 멋진 솜씨를 엿볼 수 있는 거지.

대나무의 줄기

부끄러워 붉은 나무
주 목

주 목

과명 : 주목과
학명 : Taxus cuspidata Siebold & Zucc.
크기 : 높이 17~20m, 지름 1m
꽃피는 시기 : 4월   **열매 익는 시기** : 8~9월

아무리 둘러봐도 붉지 않은데 왜 주목을 붉은 나무라고 할까? 나무줄기는 밤색이고, 나뭇잎은 초록빛으로 늘 푸른데 도대체 어디가 붉은 거지?

오래된 주목의 속을 들여다보면 주홍빛 속살을 볼 수 있어. 나무 껍질을 살짝 한 꺼풀 벗겨 보면, 아니 나무를 베어 보면 더 확실히 알 수 있지.

보통 나무들은 속살이 누렇거나 허연데, 주목은 붉단다. 옛날에는 주목을 작게 조각 내어 물에 넣어 끓이고, 그 물에 옷감을 담가서 염색을 했어. 특히 임금님이 입던 붉은 옷, 용의 모양이 그려진 곤룡포를 만들 때 주목을 사용했다고 전해지지. 이렇게 천연 염색을 하면 옷감이 튼튼해지고, 염색의 특이한 냄새 덕분에 벌레도 오지 않아서 몸을 보호할 수도 있단다.

주목은 나무줄기가 천천히 굵어지기 때문에 비슷한 굵기의 다른 나무에 비해 나이가 훨씬 많단다. 나뭇잎은 뾰족해 보이지만 부드럽지. 주목은 묵

은 가지 잎 겨드랑이에 먼지 모양으로 꽃이 핀단다.

　꽃이 지고 나면 가을에 빨간 열매를 볼 수 있어. 붉은 색 열매 안에는 까만 씨앗이 하나씩 들어 있단다. 주목의 열매는 붉은 구슬처럼 예뻐서 서로 먼저 따 보려고 하기도 해. 하지만 조심해야 돼. 열매는 살짝만 눌러도 툭 터질 수가 있거든. 열매가 달린 주목을 보고 있으면 일부러 장식해 놓은 크리스마스 트리처럼 멋지단다.

주목의 꽃

　주목은 늘푸른나무이고, 나무 생김새가 아름다워서 공원이나, 학교, 집, 절 등에 많이 심었어. 전에는 주로 높은 산에서 주목을 볼 수 있었지만 요즘에는 우리 주변에서 많이 볼 수 있단다. 학교 앞 화단에도 주로 심고 키우지.

　강원도 정선에 가면 천 년을 살고 있는 주목을 만날 수가 있대! 나무가 천 년을 살다니 정말 대단하지?

어디든 갈 수 있는
담쟁이덩굴

담쟁이덩굴

과명 : 포도과
학명 : Parthenocissus tricuspidata (Siebold & Zucc.) Planch.
원산지 : 한국
꽃피는 시기 : 7~8월   **열매 익는 시기** : 8~10월

　조금씩 움직이는 것들은 우리가 눈치 채지 못하는 사이에 어느새 성큼 다가와 있어. 조금씩 움직일 때는 모르고 그냥 지나치기 쉬운데, 시간이 지나고 나면 '어느새 이렇게 많이 움직였지? 언제 이렇게 이파리가 자랐지?' 하고 우리를 깜짝 놀라게 하는 식물!

　천천히 발걸음을 옮겨 못 가는 곳이 없는 식물, 담쟁이덩굴!

　담쟁이덩굴은 땅바닥에도, 건물의 벽이나 담벼락에도 뻗어 나가 어느새 자기들 세상으로 바꾸어 놓는단다. 담쟁이덩굴은 줄기의 빨판이 얼마나 센지, 담이나 벽에서 떼어 내려고 해도 줄기가 끊어질지언정 잘 떨어지지 않아. 청개구리의 발을 닮은 빨판은 그 어떤 장벽도 넘을 수 있단다.

　담쟁이덩굴은 담을 아주 잘 타기 때문에 붙여진 이름이야. 가을이 되면 고운 빛깔의 단풍이 들지.

　담쟁이덩굴은 낙엽이 지고 추운 겨울이 되어도 죽지 않고 잘 견뎌 150

년 이상을 살기도 하는 식물이래.

담쟁이덩굴는 줄기를 뻗어 그 아래로 뿌리를 내리거나, 가을에 까맣게 익은 열매로 번식한단다.

사람들은 어디든 기어오르는 담쟁이덩굴이 건물 벽을 감아 오르면 건물이 조금씩 붕괴된다는 오해를 하기도 했어. 하지만 이 이야기는 근거가 없단다.

담쟁이덩굴이 건물을 덮으면 햇빛이 뜨거운 여름에는 이파리들이 건물의 온도를 낮추는 역할을 하기 때문에 오히려 여름을 시원하게 보낼 수 있어. 또, 건물을 뒤덮고 있는 모습은 운치 있게 해 주고 멋진 외벽을 만들기도 하고.

한비네 학교 건물에도 혹시 담쟁이덩굴이 퍼져 있니? 그 담쟁이덩굴은 담벼락에 어떤 그림을 그리고 있을까?

봄이 왔지만 아직 깨어나지 못한
감나무

감나무

과명 : 감나무과
학명 : Diospyros kaki Thunb.
원산지 : 한국　**크기** : 높이 10~15m
꽃피는 시기 : 5~6월　**열매 익는 시기** : 10월

　봄이 되면 온갖 꽃들이 피고 지느라 여념이 없는데 혼자서만 시커멓게 서 있는 나무가 하나 있어. 바로 감나무란다.

　나무들도 새 학기가 시작되었는데 감나무는 아직 혼자 가만히 서 있구나. 감나무는 봄이 되었는데도 싹을 틔울 기미가 없다가 다른 나무에 잎이 무성해 지면 그제서야 잎을 내민단다.

　감나무 잎은 늦게 나오지만, 넓고 반짝반짝한 멋진 잎을 가지고 있어. 은방울꽃을 닮은 감꽃은 넓은 꽃받침 속에 수줍은 듯 피는데, 그 꽃이 모두 감이 되는 것은 아니란다.

　감나무는 마치 골라내는 것처럼 꽃을 떨어뜨리고, 수정이 되었더라도 그중 일부를 또 떨어뜨린단다. 그래서 감나무 밑에는 꽃과 꼭지들이 많이 떨어져 있지.

　내가 어릴 적에는 감꽃이 떨어지면 아이들이 주워 먹었어. 간식거리가

없던 어려운 시절에 그 맛은 얼마나 달콤하던지.

감꼭지가 떨어질 즈음에는 그 꼭지들을 주워 모아 목걸이를 만들고 놀았어.

익지 않은 감으로는 염색을 했지.

감나무의 꽃

제주도에서는 갈옷이 유명한데, 바로 감으로 염색을 한 옷이란다. 감으로 염색을 하면 그 빛깔도 아름답지만 옷감이 튼튼해지고 바람이 잘 통한다고 해. 또, 더러움이 쉽게 묻지 않아 위생적이란다. 옷뿐만 아니라 제주도에서는 그물에도 감물을 들여 그물을 더욱 튼튼하게 만들어 사용했다는구나.

감나무 이파리로는 차를 만들어 마셨어. 감잎차는 감기 예방에 아주 좋단다. 비타민 C가 많이 들어 있어서 면역력이 좋아지기 때문에 겨울을 건강하게 보낼 수 있지.

감이 익으면 그냥 먹기도 하지만 한꺼번에 다 먹을 수 없기 때문에 깎아 말려 곶감을 만든단다. 곶감은 허약한 몸을 튼튼하게 해 주고, 위장을 든든하게 해 주는 약이 되기도 해. 말랑말랑한 홍시는 갈증을 멈추게 해 주고, 식욕을 좋게 한단다. 또 몸의 독소를 빼 주는 역할도 하지.

감나무는 그 열매도 귀한 대접을 받았지만 감나무로 만든 옷장과 문갑도 귀한 물건이란다. 그 빛깔이 은은해서 사람들이 멋스럽다고 여겼거든.

 옛날 어른들은 감을 다 따지 않고, 한두 개는 남겨 두었어. 이걸 까치밥이라고 하는데 겨울에 먹을 것이 없는 까치를 위해 남겨 두는 거란다. 욕심내지 않고 나무가 준 열매를 새와 함께 나눠 먹는 거지. 자연과 함께 나누는 자세는 우리도 배워야겠지?

감꼭으로 목걸이 만들기

1. 떨어진 감꼭지를 주워 실에 꿰면 멋진 목걸이가 완성된다.

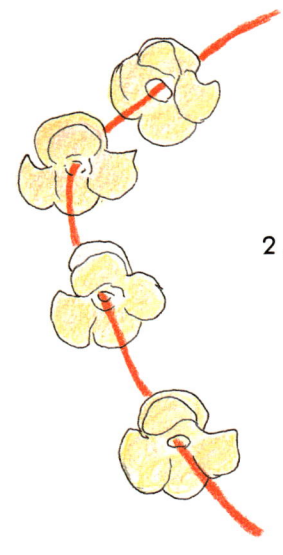

2. 떨어진 감꽃의 구멍에 실을 꿰어 목걸이를 만든다.

나무에도 꽃이 피고,
땅에도 꽃이 피는 # 동백나무

동백나무

과명 : 차나무과
학명 : Camellia japonica L.
크기 : 높이 15m, 지름 50cm
열매 익는 시기 : 10월

동백나무는 유난히 슬픈 이야기를 많이 가지고 있단다. 아버지를 잃은 딸의 슬픈 이야기, 남편을 잃은 아내의 이야기, 친구를 잃은 이야기 등에 동백나무가 자주 등장하지.

진하고 푸른 잎에 새빨간 꽃잎, 샛노란 수술이 유난히 많은 동백꽃은 그 모습이 참 아름답단다.

동백나무는 겨울을 막 벗어난 즈음에 꽃이 피는데, 봄을 시샘하는 눈이라도 내리면 하얀 눈 속의 빨간 동백꽃이 선명하게 보여 더 아름답게 느껴진단다. 꽃이 질 때에는 활짝 피었던 모습 그대로 땅에 뚝 떨어지지. 예쁘게 활짝 핀 꽃이 뚝 떨어진 것을 보고 안타까운 마음이 들어서 사람들이 슬픈 이야기를 만들어 낸 게 아닐까?

하지만 아이들은 동백꽃이 떨어지면 이리저리 들고 다니며 소꿉놀이를 하느라 신이 났었단다. 할머니도 예쁜 동백꽃을 어떻게 가지고 놀까 궁리

하며 어쩔 줄 모르던 시절이 있었단다. 꽃을 쥐고 이리저리 놀다가 꽃잎과 꽃받침 있는 부분을 떼어 꿀을 빨아 먹기도 했지. 너무 달지도 진하지도 않은 동백의 꿀을 맛보는 것도 어릴 때 많이 하곤 했단다.

　동백꽃은 꽃송이가 탐스럽고 꿀방이 깊어. 그래서 작은 곤충들은 꿀을 찾기가 쉽지 않지. 꽃들은 곤충에게 꿀을 주고 수정을 하는데, 깊은 곳에 꿀을 둔 동백은 곤충으로는 수정을 할 수가 없었어. 그래서 자신을 수정시켜 줄 다른 동물을 찾게 되었지. 그게 바로 동박새야. 연초록빛의 작은 동박새와 동백꽃은 서로를 지켜 주는 친구란다. 한비와 너희도 동백꽃과 동박새처럼 서로 다정한 친구가 있는지 궁금하구나! 빛깔 고운 동백꽃과 꿀을 따고 있는 동박새의 모습은 그 어떤 친구 사이보다도 아름다워 보인단다.

동백나무의 열매

　남쪽 지방의 동백꽃은 아름답지만 중부 지방의 동백꽃은 그보다는 조금 못해. 너무 추워서인지 중부 지방의 동백꽃은 남쪽에서 자라는 꽃만큼 예쁘게 활짝 피지 못한단다. 한비네 학교 앞 마당에도 동백나무가 있니? 있다면 어떤 차이가 있는지 한번 살펴보렴.

　옛날 사람들은 동백나무의 열매로 기름

을 짜서 밤을 밝혀 주는 호롱불의 기름으로 썼어. 또, 머리카락이 윤기가 나도록 바르는 머릿기름으로도 쓰였지. 요즘에는 동백 기름이 아토피를 치료하는데 효과가 좋다고 해서 사람들이 많이 찾는다는구나.

동백나무는 결이 곱고 단단해서 다식판을 만드는데 사용했어. 다식이 뭔지 아니? 다식은 송화(소나무의 숫꽃가루)나 미숫가루를 꿀과 함께 개서 만든 과자란다. 너희도 맛 좋은 다식을 만들어 보렴!

제 4장

교실에서 키우는 식물

손톱을 물들이는 고운
봉선화

봉선화

과명 : 봉선화과
학명 : Impatiens balsamina L.
원산지 : 동남아시아, 인도
크기 : 높이 60~80cm   **꽃피는 시기** : 7~8월

    할머니가 한비와 비슷한 나이였을 때 마당 한쪽에서 여름이면 봉선화가 피었어. 봉선화는 햇빛을 좋아해서 양지 바른 곳이면 어디에서든 잘 자랐단다. 봉선화는 기르기가 쉬운 식물이란다. 심어 놓으면 어느새 쑥쑥 자라서 꽃이 피지.

    여름방학이 되면 친구들과 봉선화 꽃잎과 이파리를 따서 손톱에 물을 들이고 놀았단다. 곱게 빻아서 손톱에 올리고 봉선화 이파리로 손톱을 감싸 실로 묶어서 빠지지 않도록 했지. 친구들이 물을 들일 수 있게 서로의 손가락에 매달아 주었어. 친구들과 깔깔거리며 놀다가 잠이 들곤 했는데, 다음 날 아침에 일어나면 손톱에 고운 봉선화 물이 들어 있었단다. 뿐만 아니라 자면서 풀린 봉선화 이파리들은 이불 여기저기에 물을 들였지. 한비도 어릴 적에 할머니가 봉선화 물을 들여 줬던 것을 기억하니? 봉선화 물이 곱게 물들어 있던 한비와 할머니의 손톱이 기억나는구나.

봉선화의 열매

처음에는 꽃물이 흐릿하게 들어 시시해 보이지만 여러 번 들이면 새빨갛게 물들어 멋진 손톱을 만들어 주었지. 마치 멋쟁이 언니들이 매니큐어를 곱게 바른 것처럼 보여서 나도 멋쟁이가 된 것 같았단다.

봉선화 꽃이 지고 나면 그 자리에 작은 열매가 달리는데, 살짝 건드리면 '톡' 하고 튕겨 지면서 씨앗들이 날아간단다. 처음엔 깜짝 놀라다가 나중에는 재미있어서 씨앗 주머니를 터뜨리고 다녔지. 아이들이 봉선화 씨앗을 멀리 퍼뜨린다고 할 수 있어.

봉선화는 화단에서 심고 기를 수도 있지만, 화단이 없다면 화분에 심어 교실 창가에 두고 키워도 된단다. 봉선화 꽃이 곱게 피면 친구들과 함께 봉선화 물도 들여 보렴. 손톱 끝에 봉선화 물이 누가 더 오래 남는지 내기를 하다 보면 어느새 겨울방학이 되겠구나!

새콤새콤 입안 가득 침이 고이는
괭이밥

괭이밥

과명 : 괭이밥과
학명 : Oxalis corniculata L.
크기 : 높이 10~30cm
꽃피는 시기 : 5~9월   **열매 익는 시기** : 9월

 괭이밥과 토끼풀을 구별하지 못하는 어린이들이 있는데, 언뜻 보면 비슷해 보여도 토끼풀과 괭이밥은 모양이 다르단다. 괭이밥은 하트 무늬 풀잎 세 장이 함께 붙어 있는 모양이지. 이파리는 토끼풀보다는 조금 얇고.

 괭이는 고양이를 뜻하는데, 고양이가 소화가 안 될 때 이 풀을 뜯어 먹었다고 해서 고양이밥이라고 하다가 괭이밥이 된 거라는구나.

 너희들도 한번 먹어 보렴. 그 맛이 새콤해서 입안에 금방 침이 고일 거야. 싱아라는 식물은 시큼한 맛이 나는데 괭이밥의 새콤한 맛 때문에 괭이밥을 고양이 싱아, 괘싱아라고도 불렀지. 또 새큼풀, 시금초, 괴싱이 등 지역마다 괭이밥을 부르는 이름도 다양하단다.

 괭이밥은 날이 흐리거나 해가 지고 나면 잎과 꽃이 오므라들어. 사람처럼 식물도 피곤해서 잠을 자나 봐. 이를 식물의 수면운동이라고 한단다.

 괭이밥에는 노란 꽃이 피는데, 꽃이 지고 나면 오이처럼 길쭉한 씨앗 주

머니가 달린단다. 이 모양이 오이와 닮아서 오이풀이라고도 부르지.

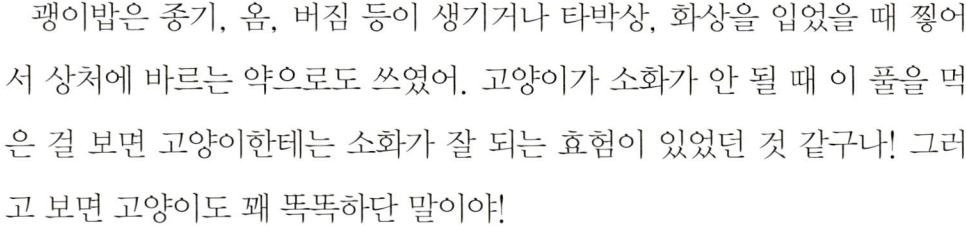
괭이밥의 씨 주머니

　씨가 여물면 씨앗 주머니를 조금만 건드려도 톡 하고 터진단다. 톡 터지는 순간 씨는 그 반동에 의해 멀리까지 퍼질 수가 있어. 봉선화도 씨가 여물면 괭이밥처럼 톡 터진단다. 아, 봉선화 물을 들일 때 괭이밥을 섞으면 한결 고운 물이 든단다.

　괭이밥은 종기, 옴, 버짐 등이 생기거나 타박상, 화상을 입었을 때 찧어서 상처에 바르는 약으로도 쓰였어. 고양이가 소화가 안 될 때 이 풀을 먹은 걸 보면 고양이한테는 소화가 잘 되는 효험이 있었던 것 같구나! 그러고 보면 고양이도 꽤 똑똑하단 말이야!

　고양이 말고 괭이밥을 좋아하는 게 또 있는데, 바로 부전나비 종류 중 하나인 남방부전나비란다. 남방부전나비는 괭이밥에 알을 낳는데, 알에서 나온 애벌레는 괭이밥의 이파리를 먹고 자라. 그런 다음 작은 돌 틈이나 낙엽 밑에 붙어 겨울잠을 자고 그 이듬해에 나비가 되어 날아간단다. 남방부전나비도 새콤한 맛을 좋아하나 봐!

어느 순간 사라졌다
우리 앞에 다시 피는

메꽃

메꽃

과명 : 메꽃과
학명 : Calystegia sepium var. japonicum
　　　　 (Choisy) Makino
크기 : 높이 50~100cm
꽃피는 시기 : 6~8월

　메꽃은 무슨 꽃일까? 익숙하지 않은 이름이라 쉽게 떠오르지 않지만 메꽃을 보는 순간 '아, 이 꽃!' 하고 알아보게 될 거야. 하지만 또다시 '나팔꽃인가?' 하고 헷갈리게 되지.

　메꽃과 나팔꽃은 거의 비슷하게 생겼거든. 하지만 두 꽃은 확실히 구분된단다.

　메꽃은 본래 우리나라의 자생식물이란다. 예전부터 우리나라에서 살고 있었지. 이렇게 자생식물로 자라던 메꽃이지만 나중에 들어온 나팔꽃과 모양이 비슷해서 사람들은 그냥 같은 꽃으로 생각하기도 한단다.

　메꽃은 나팔꽃보다는 빛깔이 훨씬 연한 색이란다. 나팔꽃은 눈에 확 띌 만큼 색이 진하지. 메꽃과 나팔꽃이 피는 모습을 보면 다른 꽃이라는 걸 알 수 있어. 메꽃과 나팔꽃은 꽃이 피기 전 접혀 있는 모양도 다르단다.

　메꽃은 꽃 전체를 비틀 듯이 꼬아져 있는 모양이고, 나팔꽃은 안쪽으로 꽃이 모여 있는 모양이란다. 이 두 꽃은 이파리 모양도 다르지.

  나팔꽃은 떡잎이 나온 다음 본잎이 나오고 그 다음에 줄기를 뻗는데, 메꽃은 잎을 내기 전에 줄기가 먼저 뻗어 간단다.

  또, 나팔꽃은 여름이 지난 뒤 씨로 번식하지만, 열매를 잘 맺지 않는 메꽃은 땅속줄기로 번식을 하는 것도 다른 점 중 하나란다.

  메꽃은 꽃이 피었다가 계절이 바뀌면 어느 순간 사라졌다 다시 피기 때문에 쉽게 알아볼 수 없는 거란다. 땅속 깊이 덩이줄기를 뻗어 겨울을 나고, 봄이 되면 그 뿌리를 남몰래 움직이며 번식하는 꽃이 바로 메꽃이지. 메꽃의 '메'는 뿌리를 뜻해. 나팔 모양으로 생긴 꽃이지만 한쪽은 나팔꽃이 되고, 한쪽은 메꽃이 된 이유를 이제 알겠지?

  메꽃은 봄에 땅속줄기를 캐서 밥에 넣어 먹기도 하고, 어린잎은 나물로 먹었단다. 또 메꽃은 식물 전체를 약으로 쓰이기도 했어. 소변을 잘 보지 못하는 사람에게는 이뇨제로도 쓰였지.

나팔꽃

혼자서도 잘 자라는 씩씩한
명아주

명아주

과명 : 명아주과
학명 : Chenopodium album var. centrorubrum Makino
크기 : 높이 1~2m, 지름 3cm
꽃피는 시기 : 6~8월

햇빛이 잘 드는 길가나 화단, 공원에서 볼 수 있는 명아주는 여기저기 가리지 않고 잘 자라는 식물이야.

명아주는 줄기가 둥근 모양으로, 공원에서 자라는 것은 작지만 하천이나 개울가에서는 제법 크게 자란단다.

명아주는 줄기로 지팡이를 만들 만큼 단단하단다. 어린잎에는 붉은 빛이 도는 가루가 붙어 있고, 세모 모양으로 가장자리에 물결무늬의 톱니가 있지.

7~8월쯤에는 줄기나 가지 끝에 연녹색의 작은 꽃들이 빽빽하게 핀단다. 가을이 되면 이파리가 초록빛에서 자주빛이나 다홍빛으로 바뀌지. 가을 하늘과 잘 어울리는 가을 명아주는 여름 명아주보다 훨씬 아름답단다.

식물의 구조와 차이를 비교할 때 명아주를 가지고 설명하는 경우가 많아. 그럼 지금부터 명아주와 강아지풀을 비교해 볼까?

	명아주	강아지풀
최초의 잎	쌍떡잎식물	외떡잎식물
뿌리	원뿌리와 곁뿌리로 구분된다. 나뭇가지처럼 가운데 굵은 뿌리가 있고, 가는 뿌리가 많이 달려 있다.	수염뿌리이다. 굵기가 비슷한 여러 개의 뿌리가 한군데에서 나와 전체적인 모습이 수염처럼 생겼다.
잎	그물맥 잎이 둥글며 그물 모양이다.	나란히맥 잎이 길며 결이 세로로 되어 있다.
같은 종류	명아주, 봉선화, 강낭콩, 민들레, 달맞이꽃	강아지풀, 잔디, 붓꽃, 밀, 대나무, 보리, 억새

139

여름 내내 피는 예쁜 꽃 아가씨

백일홍

백일홍

과명 : 국화과
학명 : Zinnia violacea Cav.
원산지 : 멕시코 **크기** : 높이 15~100cm
꽃피는 시기 : 6~10월 **열매 익는 시기** : 9월

여름방학! 학교에 아무도 없지만 교실 앞 화단이나 교실 창가에서 쨍쨍 내리쬐는 햇빛을 그대로 받으면서 피어 있는 꽃! 바로 백일홍이란다.

백일홍은 여름 일찍부터 피기 시작해 여름 내내 학교를 지키며 너희들을 기다리고 있어.

백일홍은 물을 자주 주지 않아도 되기 때문에 키우기 쉽단다. 백일홍의 꽃봉오리는 물고기 비늘처럼 생겼고, 그 비늘이 한 꺼풀씩 벗겨지면서 서서히 꽃이 피기 시작하지.

여름 햇빛을 좋아하는 백일홍은 태양의 나라 멕시코에서 건너왔어. 멕시코 사람들은 마귀를 쫓아내고 행복을 부르는 꽃이라 생각해서 백일홍을 좋아한다는구나.

줄기는 거칠거칠하지만 강해 보이고, 100일 동안이나 붉게 피어 있는 백일홍은 멕시코 사람들의 생각처럼 우리를 지켜줄 것만 같아 보이지.

백일홍

백일홍은 꽃의 빛깔이나 모습은 아름답지만 향기가 없어. 하지만 나비와 벌들이 끊임없이 찾아온단다.

여름을 좋아하는 백일홍은 가뭄이나 더위에도 끄떡없어. 화단이 있는 집에서 주로 심었던 꽃인데, 어디서든 쉽게 볼 수 있는 흔한 꽃이기도 하단다. 그래서 사람들이 많이 알지.

백일홍의 꽃말은 '인연, 또는 떠나간 친구를 그리워하다'란다. 그러고 보니 교실 앞에 피어 있는 모습이 방학 동안 만나지 못하는 너희를 그리워하는 것 같기도 하구나!

나리꽃 중에
진짜 나리꽃은 바로

참나리

참나리

과명 : 백합과
학명 : Lilium lancifolium Thunb.
크기 : 높이 1~2m
꽃피는 시기 : 7~8월

나리꽃은 여러 종류가 있단다. 참나리, 하늘나리, 중나리, 땅나리……. 그 많은 나리꽃 중에 '참' 자가 붙어 있는 나리가 바로 진짜 나리란다.

참나리는 영어로는 'Tiger lily'라고 해. '호랑이 백합'을 뜻하지. 꽃에 검은빛의 점들이 박혀 있어서 참나리를 보면 호랑이 무늬처럼 보여서 Tiger(호랑이)라는 이름을 붙인 거란다.

참나리의 줄기에는 털이 잔뜩 달려 있고, 이파리 위에 씨앗이 달린단다. 꽃이 진 자리에서 씨앗이 나는 것이 아니고, 이파리 위에 달리기 때문에 이 씨앗을 '주아'라고 부른단다. 주아는 자라서 줄기가 되어 꽃을 피우거나 열매를 맺는 싹을 뜻해.

흑자색을 띠는 주아는 '살눈'이라고도 불린단다. 주아는 아주 잘 떼어져서 소꿉놀이도 하고 던지기 놀이도 하곤 했어. 주아를 심으면 자라서 참나리가 되는 거란다.

참나리는 꽃이 피면 암술과 수술을 금방 구분해 낼 수 있어! 암술과 수술이 커다랗게 달려 있거든. 암술은 중간에 하나가 있고, 수술은 여러 개가 있는데 꽃가루 있는 부분이 덜렁덜렁 움직이지. 꽃을 찾아온 나비에게 꽃가루를 잘 달라붙게 하려는 참나리꽃의 전략이야. 꽃가루가 잘 붙어 다른 꽃으로 옮겨 다녀야 수정을 할 수 있거든. 이리저리 움직이면서 나비의 날개에 확실하게 꽃가루를 묻히는 거지.

주아

참나리는 호랑이 무늬를 닮아서 그런지 호랑나비가 찾아오기도 하고, 꼬리가 예쁜 제비나비가 찾아오기도 한단다. 참나리 옆에 있으면 예쁜 나비들도 함께 살펴볼 수 있어.

참나리의 어린잎은 무쳐 먹고, 뿌리인 구근은 볶아 먹는단다. 꽃만 예쁜 것이 아니라 여러 가지로 우리들을 즐겁게 해 주는 식물이 바로 참나리란다.

정말 해를 따라다닐까?
해바라기

해바라기

과명 : 국화과
학명 : Helianthus annuus L.
원산지 : 중앙아메리카 **크기** : 높이 약 2m
꽃피는 시기 : 8~9월 **열매 익는 시기** : 10월

해바라기는 해를 따라다니는 꽃이라고 하여 해바라기라고 불렀대. 그렇다면 해바라기는 정말 해를 따라다닐까?

사실 식물은 대부분 해를 좋아한단다. 식물이 살기 위해서는 해가 꼭 필요하거든. 식물이 태양을 향하는 것은 광합성을 하기 위해서야. 그런데 잎은 광합성을 하지만 꽃은 광합성을 하지 않는단다. 해바라기는 왜 해를 따라다닌다고 했을까?

해바라기가 움직이는 것은 꽃이 아니라 광합성을 하는 잎이란다. 꽃도 따라 움직이는 것처럼 느껴지는 것일 뿐이야. 해바라기가 해를 따라 움직이는 것도 꽃봉오리가 열리기 전까지만이야. 해바라기는 꽃이 피면 같은 방향만 바라보거든. 창가에 두고 해바라기를 키우면서 관찰일기를 써 보겠니?

해의 움직임에 따라서 꽃의 위치를 확인하고 잎의 위치도 확인해 보렴.

꽃이 피면 어디를 향하고 있는지도 기록해 보면 정말 해를 따라다니는지 확실하게 알 수 있을 거야.

해바라기의 씨앗

　해바라기를 보고 사람들은 꽃이 충성스런 마음을 지녔다고 생각했단다. 우리나라에서는 충신의 상징이기도 했어.

　중국에서는 꽃이 해를 향해 핀다고 해서 '향일규'라고 했고, 영어로는 태양화, 즉 'sunflower'라고 했어. 네덜란드에서는 '대태양화', 독일에서는 '태양왕관'이라고 불렀단다. 각 나라별로 불리는 이름이 비슷한 걸보면 해바라기에 대해 사람들이 갖는 생각이 비슷했던 것 같구나!

　해바라기는 아주 큰 꽃이 하나인 것처럼 보이지만 작은 꽃들이 모인 거란다. 꽃이 지고 난 다음 씨앗을 세어 보면 꽃의 숫자를 알 수 있을 거야!

　해바라기 씨앗은 잘 말려서 다시 심기도 하지만 간식으로도 먹지. 해바라기 씨에는 영양이 듬뿍 들어 있어서 쑥쑥 자라는 어린이들을 위한 간식으로 좋고, 면역이 약한 노인들에게도 좋단다. 또 해바라기는 방사능 오염물질을 정화하는 능력을 가지고 있다는구나. 해의 좋은 기운을 받아서 우리에게 나눠 주는가 보네!

꽈르륵 꽈르륵

꽈리

꽈리

과명 : 가지과
학명 : Physalis alkekengi var. francheti (Mast.) Hort
원산지 : 한국   **크기** : 높이 40~90cm
꽃피는 시기 : 6~7월   **열매 맺는 시기** : 7~8월

    하얀 꽃이 피는 꽈리는 열매가 아주 특이한 모양이란다. 늦여름이 되면 세모 모양의 열매가 빨갛게 물들기 시작하지. 그 빛깔은 노을빛처럼 은은하면서도 강렬하단다. 아주 예쁜 다홍 빛깔을 띠지. 그래서 사람들은 꽈리를 떠올릴 때에 하얀 꽃보다도 빨간 열매를 먼저 생각해 낸단다.

    꽈리 열매 속에는 아주 재미있는 게 들어 있어. 세모 모양을 살짝 벌려 보면 동그란 모양의 고추가 달려 있을 거야. 고추는 아니란다. 바로 꽈리야.

    그 열매의 꼭지를 조심스레 따서 안에 들어 있는 씨들을 조심조심 빼내 봐!

    어, 조심해야 돼. 찢어지면 안 되거든. 잘 빼냈니? 이제 동그란 모양이 되었지? 이제부터 그 동그란 모양을 입안에 넣고 바람을 불어 넣어 보렴. 바람이 빵빵하게 들어가면 혀로 지긋이 누르렴.

꽈르륵, 꽈르륵

다시 바람을 넣고
꽈르륵, 꽈르륵.

이렇게 꽈르륵 소리를 내기 때문에 꽈리라는 이름이 붙었단다.
　할머니는 어렸을 때 친구들과 꽈리를 따서 불며 놀았어. 개구리 밟은 소리마냥 꽈르륵 꽈르륵 소리를 내면서 말이야.

친구 얼굴을 보며 꽈르륵, 꽈르륵
친구 뒤통수에 대고 꽈르륵, 꽈르륵

　꽈리는 놀잇감이기도 했지만, 말려서 한약 재료로도 쓰였단다. 열이 많이 날 때 해열약으로 쓰였지. 하지만 꽈리 잎에는 독성 성분이 있어서 알레르기 반응을 일으킬 수도 있고, 피부염이 생길 수도 있어 조심해야 한단다.
　꽈리를 잘 말려서 걸어 놓으면 꽈리 빛깔이 집 안을 환하게 만들어 줄 거야. 우리도 화분에 꽈리를 심어 기른 뒤 꽈리 불기 놀이도 해 보고 교실도 꾸며 보면 어떨까?

제 5장
학교에서 텃밭을 가꿔요

누구나 기르기 쉬운
상추

상추

과명 : 국화과
학명 : Lactuca sativa L.
원산지 : 유럽과 서아시아
크기 : 높이 90~120cm   **꽃피는 시기** : 6~7월

　봄이 되면 텃밭에 가장 많이 심는 식물이 상추란다. 상추는 쉽게 길러서 간단히 먹을 수 있거든.

　상추는 자라는 것을 금세 볼 수 있고, 기르는 방법도 어렵지 않기 때문에 학교에서도 텃밭에 상추를 심어 기르고 있어.

　우리가 먹는 상추는 잎줄기란다. 봄이 되면 깨알 같은 씨를 텃밭에 뿌리기도 하지만 싹을 틔우는 게 쉽지 않아서 모종을 심지. 텃밭에 주로 심지만 아파트에서는 화분에 심어서 집 안에 두고 길러 먹기도 해.

　상추는 물만 주면 쑥쑥 자라는 쌈 채소인데, 몇 포기만 있어도 여름까지 끼니마다 쌈을 먹을 수 있을 정도로 잘 자란단다.

　상추 잎이 자라면 밑에서부터 뜯어서 쌈으로 먹기도 하고, 잘게 잘라 비빔밥에 넣어 비벼 먹기도 하고, 겉절이를 해서 먹기도 하지.

　상추 잎을 떼면 하얀 즙이 나오는데, 이 즙은 수면제에 들어 있는 성분

상추의 꽃

과 비슷해서 먹으면 잠이 오기도 한단다. 어른들이 상추쌈을 먹은 날은 하품이 나오고 졸리다고 하는데, 다 이런 이유 때문인 거지.

7월쯤 되면 줄기가 올라오면서 꽃이 피기 시작하는데, 꽃이 피면 상추가 뻣뻣해지면서 맛이 없어진단다. 그래서 상추를 여름까지 먹을 수 있는 채소라고 하는 거야. 하지만 요즘에는 비닐하우스에서 많이 키우기 때문에 사계절 내내 먹을 수 있지.

너희들 혹시 이집트의 피라미드 벽화에 상추가 그려져 있다는 사실을 알고 있니? 상추가 오래 전부터 재배되었다는 사실을 알 수 있는 증거란다.

중국을 거쳐서 고려 때 우리나라로 들여온 상추는 오랜 시간을 거치며 우리나라 사람들이 즐겨 먹는 채소가 되었지.

너희도 학교 텃밭에 직접 길러서 먹어 보렴. 사서 먹는 것보다 잎은 조금 작을 수 있지만 훨씬 싱싱하고 맛있을 거야. 식물을 키우는 기쁨도 느낄 수 있단다!

상추와 단짝인 쌈 채소
쑥갓

쑥갓

과명 : 국화과
학명 : Chrysanthemum coronarium L.
원산지 : 지중해 연안   **크기** : 높이 30~60cm
꽃피는 시기 : 5~6월

  봄이 되면 상추를 많이 심는데 그 옆에 함께 심는 식물이 있어. 쌈을 먹을 때 상추의 단짝처럼 따라 나오는 쑥갓이지! 우리나라에서는 주로 쌈을 싸서 먹거나 요리에 넣기 위해 쑥갓을 심어. 쑥갓은 향기가 나서 생선찌개나 국을 끓일 때 많이 사용하지. 쑥갓이 여러 가지 좋지 않은 냄새를 없애 주기 때문이야. 그런데 서양에서는 꽃이 아름답기 때문에 꽃을 보려고 화단에 심는다는구나.

  쑥갓은 해가 잘 드는 곳에 심은 다음 물을 자주 주면 쑥쑥 잘 자란단다.

  쑥갓은 잎이 촘촘히 자라는데, 중간 중간 잎을 따 주어야 골고루 잘 자라. 그렇게 하는 것을 '솎아주기'라고 한단다.

  이파리가 너무 많으면 키가 크지 않고, 다닥다닥 붙어서 이파리가 달린단다. 중간 중간 솎아 주면 잘 자란 쑥갓을 얻을 수 있어. 상추도 마찬가지란다.

쑥갓을 먹기 위해서 잘 키우는 것도 중요하지만 꽃도 잘 관찰해 보면 좋을 것 같구나. 쑥갓의 꽃은 노란 빛깔을 띠는데 참 곱단다. 이 꽃이 정말 쑥갓에서 핀 꽃인지 의심이 들 정도지.

쑥갓의 꽃

우리는 키워서 먹는 식물의 경우 먹는 부분만 주로 보기 때문에 예쁜 꽃이 피는지 모를 때가 많아. 이제부터는 열매만 보지 말고 열매를 맺게 해 주는 꽃도 보고, 나무도 보는 등 식물의 전체를 살피렴. 그러면 또 다른 식물들의 세상을 만날 수 있을 거야!

몸에 좋은 멋쟁이
토 마 토

토마토

과명 : 가지과
학명 : Lycopersicon esculentum Mill.
원산지 : 남아메리카   **크기** : 높이 1~2m
꽃피는 시기 : 5~8월

여름이 되면 토마토를 많이 볼 수 있어. 여름에 간식으로 많이 먹기도 하는데, 한비와 친구들은 토마토를 좋아하니?

토마토는 수확량도 좋고, 쑥쑥 잘 자라는 식물이란다.

텃밭에 나가서 햇볕이 잘 드는 곳에 토마토 모종을 심어 볼까? 토마토 모종을 심을 때에는 조금 넉넉하게 간격을 두고 심어야 해!

토마토는 키가 100cm 정도 자라고, 옆으로 퍼져 열매를 맺거든. 그리고 지지대를 해 줘야 하기 때문에 모종 사이에 여유 공간이 필요하단다.

물을 충분히 주고 기르면서 꽃이 피기 시작할 때부터는 토마토를 잘 관찰해야 해. 세 번째 꽃이 피면 더 이상 키가 자라지 않게 순을 잘라 주어야 하거든. 토마토가 키 크는 데 에너지를 다 써 버리면 건강한 열매, 그러니까 맛있는 토마토를 만들 수가 없단다.

그리고 옆으로 나오는 싹도 잘라 내야 해. 줄기가 많아도 열매가 잘 자

토마토

랄 수가 없으니까 말이야.

꽃이 너무 많이 달리면 몇 개씩 따 주는 것도 잊어서는 안 된단다. 열매가 너무 많이 달리면 모두 튼튼하게 자랄 수가 없으니까 건강한 토마토는 두고 나머지는 따 주는 것도 필요하단다. 햇볕을 잘 보고 자란 토마토는 그 빛깔이 더욱 더 예쁘단다. 맛도 더 좋지!

토마토 중에 모양이 방울처럼 작게 열리는 방울토마토는 토마토에 접을 붙여서 만든 종자란다. 토마토와 영양 성분이 거의 같지만 단맛이 나서 어린이들이 더 좋아하는 것 같더구나.

땡볕이 내리쬐는 여름날 텃밭에 나가 보면 향기가 가득하단다. 잘 익은 토마토도 향긋한 냄새가 나지만 토마토 줄기에서 나는 냄새 때문이지. 허브 향과는 조금 다르지만 독특한 냄새가 난단다.

한비도 토마토를 키워 보렴. 직접 키워서 수확한 채소는 더 맛있고 소중하게 여겨질 거야!

여름을 시원하게 해 주는 상큼한

오이

오이

과명 : 박과
학명 : Cucumis sativus L.
원산지 : 인도 서북부
꽃피는 시기 : 5~6월   **열매 익는 시기** : 6~7월

오이씨 오이씨
오이씨 오이씨

참매미의 울음소리란다. 매미는 맴맴 우는 것으로만 알고 있지만 참매미 우는 소리는 이렇게 들리지.

매미 울음소리가 한창인 뜨거운 여름 한낮
땀 흘리며 보낸 여름 나절!
점심때가 되어도
밥맛도 없고 더워서 계속 물만 들이켜고 있으면
엄마가 오이지를 물에 둥둥 띄워 주시지.
시원한 오이지 맛에 땀도 가시고

몸속까지 시원한 맛이 들어 기분도 시원해져.
아삭아삭 씹히는 오이지 무침은
찬밥을 물에 말아서 함께 먹으면 그 맛이 일품!
오도독 오도독 매미 소리와 함께 여름을 먹는다.

오이

 할머니 어린 시절에 보낸 여름의 한 장면이란다. 지금도 여름이 되면 한옥 툇마루에 앉아 엄마가 무쳐 준 오이지를 씹으며 더위를 달래던 그때의 기억이 자꾸 생각난단다.
 참 이상하지. 오이지를 먹을 때마다 그때 그 여름이 저절로 생각나니 말야.
 오이는 학교 텃밭에 많이 심는단다. 자라는 과정을 잘 볼 수 있거든. 한비네 학교 텃밭에도 오이를 심었니?
 오이는 덩굴식물이라서 옆에 지지대를 세워 주지 않으면 길쭉한 오이 본래의 모습을 갖추기가 어렵단다.
 오이는 노란 꽃이 피고, 그 꽃이 질 때 쯤에는 날카로운 가시를 단 아주 조그마한 오이가 열리지. 이 작은 오이가 언제 자라서 우리가 먹는 오이처럼 크게 될까 싶지만 저녁쯤 되면 벌써 오이 모습을 갖추기도 한단다. 오이는 아주 쑥쑥 자라거든. 오이는 눈에 확 띌 만큼 빨리 자라기 때문에 어른들은 아기들이 자라는 모습을 보고 '오이 자라듯 자라는구나' 하고 애기하는 거야.

 그런데 오이를 키우다 보면 길쭉하고 날씬한 오이로 자라지 않고 꼬부라지기도 해. 오이가 똑바로 길쭉한 모양으로 자라게 하는 것은 생각보다 쉽지 않단다. 그러고 보면 농사를 지으며 열매를 멋진 모양으로 잘 자라게 하는 것이 쉬운 일은 아닌 것 같구나. 텃밭에서 키우는 오이들은 우리가 시장에서 사 먹는 오이보다는 대체로 볼품이 없단다. 모양도 제각각이지.

 오이는 노란 꽃이 피기 시작하면 여기저기서 열매가 주렁주렁 달린단다. 이렇게 많이 달리는 오이는 따서 고추장에 찍어 먹기도 하지만 보관해 두었다 먹기도 하지. 그게 바로 오이지야. 오래 보관할 수 있도록 만든 음식이지. 오이지는 새콤새콤한 맛이 나는 오이피클과는 달리 아삭하면서도 깊은 맛을 느낄 수 있단다.

 텃밭에서 자란 오이를 따서 너희들도 여름의 맛을 한번 느껴 보렴. 오이의 풋풋한 맛과 함께 입안 가득 오이의 시원함이 느껴질 거야. 오이를 다양하게 먹는 방법을 알아볼까?

자연놀이

오이지 담그기

준비물: 오이 10개, 소금 한 컵

1. 오이를 깨끗하게 씻는다.

2. 소금 한 컵에 물 두 컵을 냄비에 넣고 끓인 다음 식혀둔다.

3. 끓는 소금물에 오이를 하나씩 넣었다 뺀다.
(이렇게 하면 소독이 되고, 오이지의 아삭한 맛이 오래간다.)

4. 오이를 빈틈없이 담고 식힌 소금물을 붓는다.
1-2시간 지나면 소금물에 오이가 잠긴다. 10일 뒤에 맛있게 먹는다.

귀한 보랏빛
가지

가지

과명 : 가지과
학명 : Solanum melongena L.
원산지 : 인도
크기 : 높이 60~100cm   **꽃피는 시기** : 6~9월

　인간은 여러 가지 염료를 사용해서 옷을 염색하고 만들어 입었어. 그런데 보라색은 유난히 만들기가 어려웠대. 그래서 사람들 중 지위가 높거나 귀한 대접을 받는 사람들은 보라색 옷을 입었단다.
　우리가 먹는 식물 중에 온통 보라빛으로 된 귀한 식물이 있지. 줄기도 보랏빛, 이파리도 보랏빛, 꽃은 분홍빛이지만 보라에 가까운 분홍이지. 또 열매도 예쁜 보랏빛이고. 온통 귀한 색으로 되어 있는 가지에 대해 알아볼까?
　가지는 삼국시대부터 식품으로 먹던 오래된 먹을거리란다. 인도를 통해 중국을 거쳐서 우리나라에 전해졌다고 해.
　가지는 빛깔만 귀한 것이 아니라 그 쓰임도 귀하단다. 줄기와 잎을 삶은 물은 동상에 걸리거나 손발이 텄을 때 담그면 좋다고 해.
　예전에는 입는 옷이나 신발이 지금처럼 질이 좋지 않았기 때문에 추위

에 금방 손발이 얼어 동상에 걸리기 쉬웠어. 동상은 몸에 얼음이 든 것처럼 추워서 생기는 병인데 언 부분이 빨갛게 붓는단다. 가지는 이 증상을 낫게 하는데 쓰였다는구나.

가지는 겨울에만 좋은 게 아니라 여름철에도 유용하게 쓰였어. 땀을 많이 흘리고 몸이 더우면 땀띠가 잘 나게 마련인데 가지를 잘라 문지르면 가라앉는데 효과가 있다는구나!

사람들은 가지가 몸에도 좋고, 여러 가지로 유용하게 쓰여 집집마다 가지를 심었어.

가지는 쪄서 양념해 무쳐 먹기도 하고, 여름에 자란 것을 잘라서 말려 두었다가 겨울부터 그 다음 해까지 저장해 두고 먹었단다.

가지는 잘 자라는 식물이기 때문에 텃밭에서 정성스럽게 가꾸면 너희도 싱싱한 열매를 얻을 수 있을 거야!

가지

풍요를 가져다 주는
감자

감자

과명 : 가지과
학명 : Solanum tuberosum L.
원산지 : 안데스산맥　　**크기** : 높이 60~100cm
꽃피는 시기 : 6월

자주 꽃 핀 건 자주감자 / 파보나 마나 자주감자
하얀 꽃 핀 건 하얀 감자 / 파보나 마나 하얀 감자

학교 텃밭에 너희는 어떤 것을 가장 많이 심었니? 고구마? 오이?

텃밭에 심고 키우면 잘 자라는 식물 중에 감자가 있는데 너희도 감자를 심어 봤니?

감자는 보통 씨감자를 심는단다. 감자를 수확하고 나면 내년에 심을 감자를 보관했다가 감자에서 싹이 나기 시작하면 싹이 난 부분을 중심으로 조각을 내어 심지.

감자는 씨감자, 즉 줄기의 한 조각이 새로운 식물체로 자라는 거야. 그래서 좋은 씨감자는 다음 해에 좋은 감자를 만들어 내는 거고. 과학자들은 이러한 식물의 정보, 즉 씨감자 속에 들어 있는 좋은 유전자 정보를 알아

내려고 여러 방면으로 연구하고 있어.

씨감자처럼 번식을 하고 자라는 게 또 있는데, 마늘이나 선인장도 같은 방법으로 자란단다. 이러한 식물들은 무한히 퍼질 수 있는 분열 세포를 갖고 있기 때문에 식물체에서 떨어져 나온 조직이나 세포가 새로운 식물체로 자랄 수 있는 거야.

하지만 감자와 비슷한 고구마는 다르단다. 고구마는 뿌리로 번식하지. 우리는 그 뿌리를 먹기 때문에 감자와는 차이가 있단다.

감자는 페루, 칠레 등 안데스산맥이 고향이야. 우리나라에서는 강원도에서 감자가 많이 난단다. 감자는 지금 전 세계로 퍼져 많은 사람들이 주식으로 사용하고 있어. 감자는 과거에 식량이 부족할 때 많이 먹었어. 흉년 등으로 농사가 어려울 때에도 키울 수 있어서 감자는 구황작물로 손꼽힌단다.

화상을 입었을 때 감자를 찧어 붙이면 피부의 열을 내려 준단다. 여름철 수영장에서 너무 놀아 등이 빨갛게 되었을 때도 감자를 붙이면 효과를 볼 수 있어!

감자

줄기도 먹고 뿌리도 먹는 일석이조
고구마

고구마

과명 : 메꽃과
학명 : Ipomoea batatas (L.) Lam.
원산지 : 중남아메리카
꽃피는 시기 : 7~8월   **열매 맺는 시기** : 9~10월

한겨울에 고구마를 구워서 반을 가르면 노란 빛깔에 김이 모락모락 나는 것이 참 먹음직스럽지.

내가 어렸을 때는 엄마가 김장 김치와 함께 고구마를 구워 주셨는데, 겨울에 최고의 간식이었단다. 고구마는 퍽퍽해서 목이 메이기 때문에 무를 썰어 넣은 동치미와 함께 먹기도 했어. 엄마와 어릴 적 방 안에서 호호 불며 고구마를 먹던 생각이 나는구나.

고구마는 봄에 구덩이 깊이 심는단다. 고구마에서 싹이 나고 순이 올라오면 그 순을 잘라서 땅에 심지. 고구마는 순을 심어야 크고 굵게 열린단다. 고구마는 심어 두면 줄기가 땅 위를 기어다니면서 자란단다. 주로 여름이 지나고 추석 즈음에 고구마를 캐어 두었다가 겨우내 간식으로 먹지.

한비와 친구들은 고구마를 캐 본 적이 있니? 줄기를 먼저 걷어 내고 흙을 살살 파면 그 속에서 통통하게 자란 붉은 고구마를 만날 수 있어. 고구

마는 꽃이 피기 전에 캐기 때문에 꽃을 보는 것은 쉽지가 않아.

고구마는 메꽃과에 속하는데, 그래서인지 고구마 꽃은 메꽃과 많이 닮았단다.

고구마

고구마는 뿌리를 먹지만 연한 줄기도 먹는단다. 여름에 줄기가 자라면 잘라서 껍질을 벗겨 나물로 볶아 먹기도 하고, 김치로 담가 먹기도 하지.

요즘은 고구마도 품종을 개량해서 종류가 다양해졌단다. 예전에는 밤고구마와 물고구마가 주로 있었는데, 지금은 속이 자주빛인 자색고구마도 있고, 호박과 접을 붙여서 만든 호박고구마도 있어. 요리법도 다양해져서 여러 가지 방법으로 조리해 먹지.

고구마 키우기

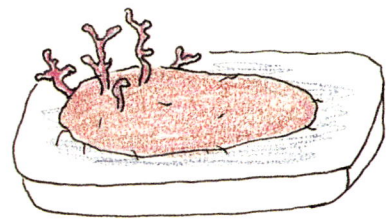

1. 싹이 올라온 고구마를 물을 담은 접시에 놓아 둔다.

2. 며칠 뒤 고구마에서 싹이 더 자란다.

3. 싹이 자란 부분을 잘라 화분에 옮겨 심는다.

푸르러도 맛있고
빨갛게 익어도 맛있는

고추

고추

과명 : 가지과
학명 : Capsicum annuum L.
원산지 : 남아메리카 열대지방
꽃피는 시기 : 7~8월   **열매 익는 시기** : 8~10월

우리나라 사람들에게 고추가 없었다면 어떻게 되었을까? 고추는 김치나 고추장뿐만 아니라 여러 음식에서 많이 사용되기 때문에 우리나라에서는 중요한 음식 재료 중 하나란다.

고추는 봄에 심으면 6~7월에 하얀 꽃이 피기 시작하는데, 꽃 모양은 여섯 개의 각이 있는 별 모양이야. 고추의 꽃은 아래를 보고 피는데, 그 속에 보랏빛 술이 들어 있어. 수정이 되고 나면 아주 조그마한 초록빛 고추가 보인단다. 꽃잎을 밀어내면서 고추가 조금씩 조금씩 자라지.

고추가 초록색, 그러니까 풋고추일 때에는 매운 맛이 덜해서 아이들도 잘 먹을 수 있어.

고추는 초록색이다가 점점 익으면서 빨간색으로 변한단다. 빨간 고추를 따서 햇빛에 말려 두면 고추를 오래 보관할 수 있어. 그렇게 말린 빨간 고추를 빻으면 고춧가루가 되는 거고.

고추

고춧가루는 김치를 담그기도 하고, 여러 가지 음식의 양념으로도 쓰여. 고추장도 담그고 말이야. 고추는 여러 가지 방법으로 보관할 수 있어서 두고두고 먹는 귀한 식품이란다.

고추는 어느 것 하나 버릴 것 없이 사용한단다. 잎은 나물로 무쳐 먹고, 고추 안에 들어 있는 노란 씨는 고추씨 기름을 만들어 매콤한 음식에 사용하지.

고추는 여러 종류가 있는데, 오이 맛이 나는 아삭한 고추, 피클을 담그는 오동통한 고추, 뚱뚱한 고추 피망, 매운 맛을 내는 청양고추 등 쓰임이 다양하단다.

고추는 주로 모종을 심는데 2~3뿌리만 있어도 여름 내내 맛있는 풋고추를 따서 먹을 수 있어. 화분에 심어서 먹어도 되고, 텃밭에 심어도 되는데, 고추는 키가 50~60cm 정도 자라기 때문에 지지대가 꼭 필요해. 그래야 줄기가 곧게 서서 열매를 많이 달 수 있단다.

빨간 무
당근

당근

과명 : 미나리과
학명 : Daucus carota subsp. sativa (Hoffm.) Arcang.
원산지 : 아프가니스탄 **크기** : 높이 1m
꽃피는 시기 : 7~8월

학교가 끝나고 해가 긴 여름 낮 오후, 친구들과 소꿉놀이를 하다가 요리놀이를 하거나 집 꾸미기 놀이를 할 때 당근 잎을 많이 가지고 놀았었지. 당근은 하늘하늘한 초록빛 당근 잎에 하얀 꽃까지 피면 그야말로 환상적이었거든. 당근은 할머니 어릴 적 소꿉놀이를 하던 추억이 깃든 식물이란다. 이파리를 뜯다 보면 뿌리까지 나오기도 하는데 그러면 더 좋은 소꿉놀이 재료가 되었지.

이렇게 예쁘고, 몸에도 좋은 당근인데 아이들은 왜 싫어할까?

당근은 늦은 봄 씨앗을 뿌려서 늦가을이나 초겨울에 캐낸단다. 초겨울에 먹는 당근은 그냥 깎아 먹어도 물이 많고 달아서 맛있지. 말이나 토끼도 당근을 좋아한단다.

당근은 주로 먹는 재료로 쓰이지만 그 빛깔이 예뻐서 음식에 색깔을 낼 때에도 쓰여. 요리를 완성한 후 장식을 하는데, 그 빛깔이 음식을 더 맛있게 보이도록 도와주거든. 당근을 갈아 만든 주스는 그 빛깔만으로도 건강해지는 기분이 드는 것 같단다.

실제로도 우리 몸에 좋은 영양소가 많이 들어 있어서 건강 식품으로 사람들의 사랑을 받고 있지. 당근에는 비타민 A가 많이 들어 있어 시력에 도움을 준단다. 비타민 A는 기름에 볶으면 몸에 흡수가 잘 되니까 당근은 볶아 먹으면 더 좋아.

빨간 무라고도 하고, 홍당무라고도 하는 당근은 줄기가 곧게 자라고 실처럼 가늘게 생긴 것이 특징이란다. 가느다란 이파리를 가진 당근은 뿌리의 색깔과 어우러져 그 모습이 정말 예쁘지.

당근과 친해져 보렴! 예쁘고 건강하게 만들어 줄 거야!

당근

얼룩무늬 콩
강낭콩

강낭콩

과명 : 콩과
학명 : Phaseolus vulgaris var. humilis Alef.
원산지 : 중앙멕시코, 과테말라
크기 : 높이 50cm
꽃피는 시기 : 7~8월   **열매 익는 시기** : 8월

콩을 넣고 밥을 하면 둘이 어우러져서 밥맛도, 영양도 더 좋아진단다. 하지만 대체로 어린이들은 콩을 좋아하지 않는 것 같아.

우리가 밥에 넣어 먹는 콩은 식물의 씨앗이란다. 콩은 종류가 다양해서 맛이나 모양에 따라 다양하게 쓰이고 있어. 된장을 만드는 콩이 있고, 콩장을 만들어 먹는 콩이 있지. 겉은 까맣지만 속은 초록빛이 나는 서리태 콩도 있고. 커다란 콩꼬투리에 콩이 달리는 작두콩도 있고, 쥐의 눈망울처럼 생긴 작고 까만 쥐눈이콩(여우콩)도 있단다. 이름도, 쓰임새도 모두 다양하지만, 대체로 콩은 우리 몸을 건강하게 해 주는 좋은 먹거리란다. 특히 우유와 함께 키가 잘 자랄 수 있도록 돕는 귀한 식품이지.

강낭콩은 아메리카 대륙의 원주민이 가장 먼저 재배하기 시작했어. 그리고 점차 다른 지역으로도 퍼지게 되었지. 유럽의 나라들이 아메리카 대륙을 발견하면서 콩이 유럽으로 전해지게 되었고, 중국을 거쳐서 우리나

라에도 오게 되었단다. 강낭콩은 세계적으로 가장 많이 키운다는구나.

강낭콩은 하얀색, 붉은빛, 보랏빛 등의 작은 꽃이 피는데 꽃이 피고 나면 그 자리에 콩꼬투리가 달린단다. 처음에는 초록빛이다가 익으면 콩의 빛깔과 비슷한 얼룩무늬로 변하지.

콩은 밥에 넣어 먹거나 떡이나 과자를 만들 때 쓰여. 그리고 콩꼬투리로 요리도 한단다. 줄기는 동물의 사료로 쓰이지. 알게 모르게 콩도 참 많은 역할을 하는구나.

강낭콩 싹 틔우기

콩을 키워 볼까?

1. 낮은 접시에 솜을 깔고 물에 적신 다음 강낭콩을 올려 놓는다.
2. 싹이 트면 씨앗의 두 배 정도 깊이로 흙을 파고 콩을 심는다.
3. 며칠 지나면 껍질을 달고 싹이 올라온다.
4. 줄기가 타고 올라갈 수 있도록 지지대를 만들어 준다.
5. 해가 잘 드는 창가에 두고 틈틈이 물을 준다.

내 꽃을 본 적 있니?
김치가 되는

배추

배추

과명 : 십자화과
학명 : Brassica rapa var. glabra Regel
원산지 : 중국 북부해안 연안
크기 : 높이 40~50cm, 너비 30cm

배추는 잎줄기 채소야. 작은 잎으로 자라기 시작해서 잎들이 싸고, 또 싸서 여러 장이 모여 통으로 되는 거지.

이렇게 이파리가 꽉 차면 뽑아서 김치를 담그기도 하고, 쌈으로 먹기도 해. 잎을 뜯어 국을 끓여 먹기도 하고.

하지만 배추 속이 꽉 차도록 뽑아 먹지 않고 그대로 두면 줄기가 올라온단다. 줄기가 올라오면서 노랗게 꽃이 피는데 그 꽃이 참 예쁘지.

배추는 심는 시기에 따라서 맛도, 쓰임새도, 이름도 달라진단다.

봄 배추는 '얼갈이', '봄동'이라고 해서 겉절이로 무쳐 먹거나 국을 끓여 먹고, 속이 단단하게 꽉 찬 김장 배추는 여름에 씨앗을 뿌려서 늦가을에 뽑아 김장을 담그지.

김장은 배추를 저장하는 방법 중에 하나란다. 배추를 키울 수 없는 겨울에 먹으려고 한꺼번에 김치를 담궈 저장하는 저장 식품이라고 할 수 있어.

김치를 담가서 보관해 두면 그 속에서 유산균이 자라면서 천연 발효 식품이 되는 거야. 주로 우리나라에서만 먹던 김치는 몸에 좋은 발효 식품이라고 알려지기 시작하면서 요즘에는 세계 곳곳에서 김치를 먹는다는구나.

김치를 먹지 않는 어린이들이 많은데, 장도 튼튼하게 하고 감기에 걸리지 않고 건강하게 지내려면 김치는 먹는 것이 좋아. 아니, 꼭 먹어야 한단다!

텃밭에다 여름에 씨앗을 뿌려 배추를 한번 심어 보렴. 그리고 직접 키운 배추로 김치도 담궈 보는 거야. 밭에서 키우는 것이 어렵다고 생각될 수 있지만, 정성들여 키우다 보면 꽤 근사한 수확을 얻을 수 있단다.

찾아보기 (가나다순)

ㄱ
가지 168
감나무 117
감자 171
강낭콩 184
강아지풀 80
개나리 10
고구마 174
고추 178
괭이밥 131
꽈리 149

ㄷ
단풍나무 34
담쟁이덩굴 114
당근 181
동백나무 122
등나무 74

ㅁ
메꽃 134
메타세콰이아 46
명아주 137
모과나무 69
목련 60
무궁화 66

ㅂ
바랭이 26
배추 187
백일홍 140
봉선화 128
분꽃 100

ㅅ
사철나무 77
살구나무 14
상추 154
소나무 83
수수꽃다리 90
쑥갓 157

ㅇ
양버즘나무 30
오이 163
은행나무 38

ㅈ
잔디 22
조릿대 108
조팝나무 63
주목 111
쥐똥나무 54

ㅊ
지칭개 43

ㅊ
참나리 143
철쭉 96

ㅌ
토끼풀 18
토마토 160

ㅎ
해바라기 146
향나무 104
화살나무 51
회양목 93

저자 소개

손옥희
숲 해설가로 열심히 활동 중이다. 경복궁을 찾는 사람들에게 궁궐의 아름다움을 알리는 궁궐지킴이로도 활동하고 있다. 풀과 나무가 있는 곳이라면 어디든지 달려간다. 손주인 한비에게 들려주기 위해 이 책에 글을 썼다.

최향숙
동녘도서관, 늘푸른소나무도서관 관장을 지냈다. 작은 도서관 관련 활동을 하며 아이들과 청소년, 어른들에게 숲의 이야기를 들려주고, 함께 나누고 있다. 세밀화 모임 '숲을 그리다'에서 활동 중이다.
이 책에 글을 쓰고, 자연놀이를 구성했다.

이숙연
거제도에서 나고 자랐으며, 아이들과 역사 이야기도 하고, 그림 이야기도 나누며 지내고 있다.
'자세히 보아야 예쁘다. 오래 보아야 사랑스럽다'는 시를 온몸으로 느끼며 현재 세밀화 모임인 '숲을 그리다'에서 활동 중이다. 이 책의 세밀화를 그렸다.

우리 학교 뜰에는 무엇이 살까?

1판 1쇄 찍은날 2012년 3월 21일
1판 1쇄 펴낸날 2012년 4월 5일

지은이 손옥희 · 최향숙 · 이숙연
펴낸이 정종호
펴낸곳 (주)청어람미디어

책임편집 이향
편집 이현정 · 윤숙형 · 정미진 · 김희정 · 맹한승 · 조은미
디자인 김세은 | **마케팅** 김홍석 · 이수지 | **제작 · 관리** 박정은
인쇄 · 제본 천일문화사

등록 1998년 12월 8일 제22-1469호
주소 121-895 서울시 마포구 서교동 400-3 아산빌딩
이메일 chungaram@naver.com
카페 http://cafe.naver.com/chungaram01
전화 02)3143-4006~8
팩스 02)3143-4003

ISBN 978-89-97162-21-5 74480
      978-89-97162-20-8 (세트)
잘못된 책은 구입하신 서점에서 바꾸어 드립니다. 값은 뒤표지에 있습니다.

이 도서의 국립중앙도서관 출판시도서목록(CIP)은 e-CIP홈페이지(http://www.nl.go.kr/ecip)와
국가자료공동목록시스템(http://www.nl.go.kr/kolisnet)에서 이용하실 수 있습니다.
(CIP제어번호: CIP2012001256)